Histoires souveraines

HISTOIRES SOUVERAINES

IL A ÉTÉ TIRÉ :

50 exemplaires, numérotés de 1 à 50, sur papier du Japon
10 exemplaires, numérotés de 51 à 60, sur Hollande Van Gelder

N° 53

Cte DE VILLIERS DE L'ISLE ADAM

Histoires souveraines

Bruxelles MDCCCIC
Edm. Deman Editr

Au Poète VILLIERS de l'ISLE-ADAM

En respectueuse mémoire.

Véra

A Madame la comtesse d'Osmoy.

> La forme du corps lui est plus *essentielle* que sa substance.
> LA PHYSIOLOGIE MODERNE.

L'Amour est plus fort que la Mort, a dit Salomon : oui, son mystérieux pouvoir est illimité.

C'était à la tombée d'un soir d'automne, en ces dernières années, à Paris. Vers le sombre faubourg Saint-Germain, des voitures, allumées déjà, roulaient, attardées, après l'heure du Bois. L'une d'elles s'arrêta devant le portail d'un vaste hôtel seigneurial, entouré de jardins séculaires ; le cintre était surmonté de l'écusson de pierre, aux armes de l'antique famille des comtes d'Athol, savoir : *d'azur, à l'étoile abîmée d'argent,* avec la devise « Pallida Victrix », sous la couronne retroussée d'hermine au bonnet princier. Les lourds battants s'écartèrent. Un homme de trente à trente-cinq ans, en deuil, au visage mortellement pâle, descendit. Sur le perron, de taciturnes serviteurs élevaient des flambeaux. Sans les voir, il gravit les marches et entra. C'était le comte d'Athol.

Chancelant, il monta les blancs escaliers qui conduisaient à cette chambre où, le matin même, il avait couché dans un cercueil de velours et enveloppé de violettes, en des flots de batiste, sa dame de volupté, sa pâlissante épousée, Véra, son désespoir.

En haut, la douce porte tourna sur le tapis, il souleva la tenture.

Tous les objets étaient à la place où la comtesse les avait laissés la veille. La Mort, subite, avait foudroyé. La nuit dernière, sa bien-aimée s'était évanouie en des joies si profondes, s'était perdue en de si exquises étreintes, que son cœur, brisé de délices, avait défailli : ses lèvres s'étaient brusquement mouillées d'une pourpre mortelle. A peine avait-elle eu le temps de donner à son époux un baiser d'adieu, en souriant, sans une parole : puis ses longs cils, comme des voiles de deuil, s'étaient abaissés sur la belle nuit de ses yeux.

La journée sans nom était passée.

Vers midi, le comte d'Athol, après l'affreuse cérémonie du caveau familial, avait congédié au cimetière la noire escorte. Puis, se renfermant, seul, avec l'ensevelie, entre les quatre murs de marbre, il avait tiré sur lui la porte de fer du mausolée. — De l'encens brûlait sur un trépied, devant le cercueil : — une couronne lumineuse de lampes, au chevet de la jeune défunte, l'étoilait.

Lui, debout, songeur, avec l'unique sentiment d'une tendresse sans espérance, était demeuré là, tout le jour. Sur les six heures, au crépuscule, il était sorti du lieu sacré. En refermant le sépulcre, il avait arraché de la serrure la clef d'argent, et, se haussant sur la dernière marche du seuil, il l'avait jetée doucement dans l'intérieur du tombeau. Il l'avait lancée sur les dalles intérieures par le trèfle qui surmontait le portail. — Pourquoi ceci?... A coup sûr d'après quelque résolution mystérieuse de ne plus revenir.

Et maintenant il revoyait la chambre veuve.

La croisée, sous les vastes draperies de cachemire mauve broché d'or, était ouverte : un dernier rayon du soir illuminait, dans un cadre de bois ancien, le grand portrait de la trépassée. Le comte regarda, autour de lui, la robe jetée, la veille, sur un fauteuil; sur la cheminée, les bijoux, le collier de perles, l'éventail à demi fermé, les lourds flacons de parfums qu'*Elle* ne respirerait plus. Sur le lit d'ébène aux colonnes tordues, resté défait, auprès de l'oreiller où la place de la tête adorée et divine était visible encore au milieu des dentelles, il aperçut le mouchoir rougi de gouttes de sang où sa jeune âme avait battu de l'aile un instant; le piano ouvert, supportant une mélodie inachevée à jamais; les fleurs indiennes cueillies par elle, dans la serre, et qui se mouraient dans de vieux vases de Saxe; et, au pied du lit, sur une fourrure noire, les petites mules de velours oriental, sur lesquelles une devise rieuse de Véra brillait, brodée en perles : *Qui verra Véra l'aimera.* Les pieds nus de la bien-aimée y jouaient hier matin, baisés, à chaque pas, par le duvet des cygnes ! — Et là, là, dans l'ombre, la pendule, dont il avait brisé le ressort pour qu'elle ne sonnât plus d'autres heures.

Ainsi elle était partie !... *Où* donc !... Vivre maintenant ? — Pour quoi faire ?... C'était impossible, absurde.

Et le comte s'abîmait en des pensées inconnues.

Il songeait à toute l'existence passée. — Six mois s'étaient écoulés depuis ce mariage. N'était-ce pas à l'étranger, au bal d'une ambassade qu'il l'avait vue pour la première fois ?... Oui. Cet instant ressuscitait devant ses yeux, très distinct. Elle lui apparaissait là, radieuse. Ce soir-là, leurs regards s'étaient rencontrés. Ils s'étaient reconnus, intimement, de pareille nature, et devant s'aimer à jamais.

Les propos décevants, les sourires qui observent, les insinuations, toutes les difficultés que suscite le monde pour retarder l'inévitable félicité de ceux qui s'appartiennent, s'étaient évanouis devant la tranquille certitude qu'ils eurent, à l'instant même, l'un de l'autre.

Véra, lassée des fadeurs cérémonieuses de son entourage, était venue vers lui dès la première circonstance contrariante, simplifiant ainsi, d'auguste façon, les démarches banales où se perd le temps précieux de la vie.

Oh! comme, aux premières paroles, les vaines appréciations des indifférents à leur égard leur semblèrent une envolée d'oiseaux de nuit rentrant dans les ténèbres! Quel sourire ils échangèrent! Quel ineffable embrassement!

Cependant leur nature était des plus étranges, en vérité! — C'étaient deux êtres doués de sens merveilleux, mais exclusivement terrestres. Les sensations se prolongeaient en eux avec une intensité inquiétante. Ils s'y oubliaient eux-mêmes à force de les éprouver. Par contre, certaines idées, celles de l'âme, par exemple, de l'Infini, *de Dieu même*, étaient comme voilées à leur entendement. La foi d'un grand nombre de vivants aux choses surnaturelles n'était pour eux qu'un sujet de vagues étonnements : lettre close dont ils ne se préoccupaient pas, n'ayant pas qualité pour condamner ou justifier. — Aussi, reconnaissant bien que le monde leur était étranger, ils s'étaient isolés, aussitôt leur union, dans ce vieux et sombre hôtel, où l'épaisseur des jardins amortissait les bruits du dehors.

Là, les deux amants s'ensevelirent dans l'océan de ces joies languides et perverses où l'esprit se mêle à la chair mystérieuse ! Ils épuisèrent la violence des désirs, les frémissements et les tendresses éperdues. Ils devinrent le battement de l'être l'un de l'autre. En eux, l'esprit pénétrait si bien le corps, que leurs formes leur semblaient intellectuelles, et que les baisers, mailles brûlantes, les enchaînaient dans une fusion idéale. Long éblouissement ! Tout à coup le charme se rompait ; l'accident terrible les désunissait ; leurs bras s'étaient désenlacés. Quelle ombre lui avait pris sa chère morte ? Morte ! non. Est-ce que l'âme des violoncelles est emportée dans le cri d'une corde qui se brise ?

Les heures passèrent.

Il regardait, par la croisée, la nuit qui s'avançait dans les cieux : et la Nuit lui apparaissait *personnelle* ; — elle lui semblait une reine marchant, avec mélancolie, dans l'exil, et l'agrafe de diamant de sa tunique de deuil, Vénus, seule, brillait, au-dessus des arbres, perdue au fond de l'azur.

— C'est Véra, pensa-t-il.

A ce nom, prononcé tout bas, il tressaillit en homme qui s'éveille ; puis, se dressant, il regarda autour de lui.

Les objets, dans la chambre, étaient maintenant éclairés par une lueur jusqu'alors imprécise, celle d'une veilleuse, bleuissant les ténèbres, et que la nuit, montée au firmament, faisait apparaître ici comme une autre étoile. C'était la veilleuse, aux senteurs d'encens, d'un iconostase, reliquaire familial de Véra. Le triptyque, d'un vieux bois précieux, était suspendu, par sa sparterie russe, entre la glace et le tableau. Un reflet des ors de l'intérieur tombait, vacillant, sur le collier, parmi les joyaux de la cheminée.

Le plein-nimbe de la Madone en habits de ciel, brillait, rosacé de la croix byzantine dont les fins et rouges linéaments, fondus dans le reflet, ombraient d'une teinte de sang l'orient ainsi allumé des perles. Depuis l'enfance, Véra plaignait, de ses grands yeux, le visage maternel et si pur de l'héréditaire madone, et, de sa nature, hélas ! ne pouvant lui consacrer qu'un *superstitieux* amour, le lui offrait parfois, naïve, pensivement, lorsqu'elle passait devant la veilleuse.

Le comte, à cette vue, touché de rappels douloureux jusqu'au plus secret de l'âme, se dressa, souffla vite la lueur sainte, et, à tâtons, dans l'ombre, étendant la main vers une torsade, sonna.

Un serviteur parut : c'était un vieillard vêtu de noir : il tenait une lampe, qu'il posa devant le portrait de la comtesse. Lorsqu'il se retourna, ce fut avec un frisson de superstitieuse terreur qu'il vit son maître debout et souriant comme si rien ne se fût passé.

— Raymond, dit tranquillement le comte, *ce soir, nous sommes accablés de fatigue, la comtesse et moi ; tu serviras le souper vers dix heures.* — A propos, nous avons résolu de nous isoler davantage, ici, dès demain. Aucun de mes serviteurs, hors toi, ne doit passer la nuit dans l'hôtel. Tu leur remettras les gages de trois années, et qu'ils se retirent. — Puis, tu fermeras la barre du portail ; tu allumeras les flambeaux en bas, dans la salle à manger ; tu nous suffiras. — Nous ne recevrons personne à l'avenir.

Le vieillard tremblait et le regardait attentivement.

Le comte alluma un cigare et descendit aux jardins.

Le serviteur pensa d'abord que la douleur trop lourde, trop désespérée, avait égaré l'esprit de son maître. Il le connaissait depuis l'enfance ; il comprit, à l'instant, que le heurt d'un réveil trop soudain pouvait être fatal à ce somnambule. Son devoir, d'abord, était le respect d'un tel secret.

Il baissa la tête. Une complicité dévouée à ce religieux rêve ? Obéir ?... Continuer de *les* servir sans tenir compte de la Mort ? — Quelle étrange idée !... Tiendrait-elle une nuit ?... Demain, demain, hélas !... Ah ! qui savait ?... Peut-être !... — Projet sacré, après tout ! — De quel droit réfléchissait-il ?...

Il sortit de la chambre, exécuta les ordres à la lettre et, le soir même, l'insolite existence commença.

Il s'agissait de créer un mirage terrible.

La gêne des premiers jours s'effaça vite. Raymond, d'abord avec stupeur, puis par une sorte de déférence et de tendresse, s'était ingénié si bien à être naturel, que trois semaines ne s'étaient pas écoulées qu'il se sentit, par moments, presque dupe lui-même de sa bonne volonté. L'arrière-pensée pâlissait ! Parfois, éprouvant une sorte de vertige, il eut besoin de se dire que la comtesse était positivement défunte. Il se prenait à ce jeu funèbre et oubliait à chaque instant la réalité. Bientôt il lui fallut plus d'une réflexion pour se convaincre et se ressaisir. Il vit bien qu'il finirait par s'abandonner tout entier au magnétisme effrayant dont le comte pénétrait peu à peu l'atmosphère autour d'eux. Il avait peur, une peur indécise, douce.

D'Athol, en effet, vivait absolument dans l'inconscience de la mort de sa bien-aimée ! Il ne pouvait que la trouver toujours présente, tant la forme de la jeune femme était mêlée à la sienne. Tantôt, sur un banc du jardin, les jours de soleil, il lisait, à haute voix, les poésies qu'elle aimait ; tantôt, le soir, auprès du feu, les deux tasses de thé sur un guéridon, il causait avec l'*Illusion* souriante, assise, à ses yeux, sur l'autre fauteuil.

Les jours, les nuits, les semaines s'envolèrent. Ni l'un ni l'autre ne savait ce qu'ils accomplissaient. Et des phénomènes singuliers se pressaient maintenant, où il devenait difficile de distinguer le point où l'imaginaire et le réel étaient identiques. Une présence flottait dans l'air : une forme s'efforçait de transparaître, de se tramer sur l'espace devenu indéfinissable.

D'Athol vivait double, en illuminé. Un visage doux et pâle, entrevu comme l'éclair, entre deux clins d'yeux ; un faible accord frappé au piano, tout à coup ; un baiser qui lui fermait la bouche au moment où il allait parler ; des affinités de pensées *féminines* qui s'éveillaient en lui en réponse à ce qu'il disait ; un dédoublement de lui-même tel, qu'il sentait, comme en un brouillard fluide, le parfum vertigineusement doux de sa bien-aimée auprès de lui, et, la nuit, entre la veille et le sommeil, des paroles entendues très bas : tout l'avertissait. C'était une négation de la Mort élevée, enfin, à une puissance inconnue !

Une fois, d'Athol la sentit et la vit si bien auprès de lui, qu'il la prit dans ses bras : mais ce mouvement la dissipa.

— Enfant! murmura-t-il en souriant.

Et il se rendormit comme un amant boudé par sa maîtresse rieuse et ensommeillée.

Le jour de *sa* fête, il plaça, par plaisanterie, une immortelle dans le bouquet qu'il jeta sur l'oreiller de Véra.

— Puisqu'elle se croit morte, dit-il.

Grâce à la profonde et toute-puissante volonté de M. d'Athol, qui, à force d'amour, forgeait la vie et la présence de sa femme dans l'hôtel solitaire, cette existence avait fini par devenir d'un charme sombre et persuadeur. — Raymond, lui-même, n'éprouvait plus aucune épouvante, s'étant graduellement habitué à ces impressions.

Une robe de velours noir aperçue au détour d'une allée ; une voix rieuse qui l'appelait dans le salon ; un coup de sonnette le matin, à son réveil, comme autrefois ; tout cela lui était devenu familier : on eût dit que la morte jouait à l'invisible, comme une enfant. Elle se sentait aimée tellement! C'était bien *naturel*.

Une année s'était écoulée.

Le soir de l'Anniversaire, le comte, assis auprès du feu, dans la chambre de Véra, venait de *lui* lire un fabliau florentin : *Callimaque*. Il ferma le livre ; puis en se versant du thé :

— *Douschka,* dit-il, te souviens-tu de la Vallée-des-Roses, des bords de la Lahn, du château des Quatre-Tours ?... Cette histoire te les a rappelés, n'est-ce pas ?

Il se leva, et, dans la glace bleuâtre, il se vit plus pâle qu'à l'ordinaire. Il prit un bracelet de perles dans une coupe et regarda les perles attentivement. Véra ne les avait-elle pas ôtées de son bras, tout à l'heure, avant de se dévêtir ? Les perles étaient encore tièdes et leur orient plus adouci, comme par la chaleur de sa chair. Et l'opale de ce collier sibérien, qui aimait aussi le beau sein de Véra jusqu'à pâlir, maladivement, dans son treillis d'or, lorsque la jeune femme l'oubliait pendant quelque temps ! Autrefois, la comtesse aimait pour cela cette pierrerie fidèle !... Ce soir l'opale brillait comme si elle venait d'être quittée et comme si le magnétisme exquis de la belle morte la pénétrait encore. En reposant le collier et la pierre précieuse, le comte toucha par hasard le mouchoir de batiste dont les gouttes de sang étaient humides et rouges comme des œillets sur de la neige!... Là, sur le piano, qui donc avait tourné la page finale de la mélodie d'autrefois? Quoi! la veilleuse sacrée s'était rallumée, dans le reliquaire! Oui, sa flamme dorée éclairait mystiquement le visage, aux yeux fermés, de la Madone! Et ces fleurs orientales, nouvellement cueillies, qui s'épanouissaient là, dans les vieux vases de Saxe, quelle main venait de les y placer? La chambre semblait joyeuse et douée de vie, d'une façon plus significative et plus intense que d'habitude. Mais rien ne pouvait surprendre le comte! Cela lui semblait tellement normal, qu'il ne fit même pas attention que l'heure sonnait à cette pendule arrêtée depuis une année.

Ce soir-là, cependant, on eût dit que, du fond des ténèbres, la comtesse Véra s'efforçait adorablement de revenir dans cette chambre tout embaumée d'elle! Elle y avait laissé tant de sa personne ! Tout ce qui avait constitué son existence l'y attirait. Son charme y flottait ; les longues violences faites par la volonté passionnée de son époux y devaient avoir desserré les vagues liens de l'Invisible autour d'elle !...

Elle y était *nécessitée*. Tout ce qu'elle aimait, c'était là.

Elle devait avoir envie de venir se sourire encore en cette glace mystérieuse où elle avait tant de fois admiré son lilial visage ! La douce morte, là-bas, avait tressailli, certes, dans ses violettes, sous les lampes éteintes ; la divine morte avait frémi, dans le caveau, toute seule, en regardant la clef d'argent jetée sur les dalles. Elle voulait s'en venir vers lui, aussi ! Et sa volonté se perdait dans l'idée de l'encens et de l'isolement. La Mort n'est une circonstance définitive que pour ceux qui espèrent des cieux ; mais la Mort, et les Cieux, et la Vie, pour elle, n'était-ce pas leur embrassement ? Et le baiser solitaire de son époux attirait ses lèvres, dans l'ombre. Et le son passé des mélodies, les paroles enivrées de jadis, les étoffes qui couvraient son corps et en gardaient le parfum, ces pierreries magiques qui la *voulaient*, dans leur obscure sympathie, — et surtout l'immense et absolue impression de sa présence, opinion partagée à la fin par les choses elles-mêmes, tout l'appelait là, l'attirait là depuis si longtemps, et si insensiblement, que, guérie enfin de la dormante Mort, il ne manquait plus qu'*Elle seule !*

Ah ! les Idées sont des êtres vivants !... Le comte avait creusé dans l'air la forme de son amour, et il fallait bien que ce vide fût comblé par le seul être qui lui était homogène, autrement l'Univers aurait croulé. L'impression passa, en ce moment, définitive, simple, absolue, qu'*Elle devait être là, dans la chambre !* Il en était aussi tranquillement certain que de sa propre existence, et toutes les choses, autour de lui, étaient saturées de cette conviction. On l'y voyait ! Et, *comme il ne manquait plus que Véra elle-même,* tangible, extérieure, *il fallut bien qu'elle s'y trouvât* et que le grand Songe de la Vie et de la Mort entr'ouvrît un moment ses portes infinies ! Le chemin de résurrection était envoyé par la foi jusqu'à elle ! Un frais éclat de rire musical éclaira de sa joie le lit nuptial ; le comte se retourna. Et là, devant ses yeux, faite de volonté et de souvenir, accoudée, fluide, sur l'oreiller de dentelles, sa main soutenant ses lourds cheveux noirs, sa bouche délicieusement entr'ouverte en un sourire tout emparadisé de voluptés, belle à en mourir, enfin ! la comtesse Véra le regardait un peu endormie encore.

— Roger !... dit-elle d'une voix lointaine.

Il vint auprès d'elle. Leurs lèvres s'unirent dans une joie divine, — oublieuse, — immortelle !

Et ils s'aperçurent, *alors,* qu'ils n'étaient, réellement, qu'*un seul être.*

Les heures effleurèrent d'un vol étranger cette extase où se mêlaient, pour la première fois, la terre et le ciel.

Tout à coup, le comte d'Athol tressaillit, comme frappé d'une réminiscence fatale.

— Ah ! maintenant, je me rappelle !... dit-il. Qu'ai-je donc ? — Mais tu es morte !

A l'instant même, à cette parole, la mystique veilleuse de l'iconostase s'éteignit. Le pâle petit jour du matin, — d'un matin banal, grisâtre et pluvieux, —

filtra dans la chambre par les interstices des rideaux. Les bougies blêmirent et s'éteignirent, laissant fumer âcrement leurs mèches rouges ; le feu disparut sous une couche de cendres tièdes ; les fleurs se fanèrent et se desséchèrent en quelques moments ; le balancier de la pendule reprit graduellement son immobilité. La *certitude* de tous les objets s'envola subitement. L'opale, morte, ne brillait plus ; les taches de sang s'étaient fanées aussi, sur la batiste, auprès d'elle ; et s'effaçant entre les bras désespérés qui voulaient en vain l'étreindre encore, l'ardente et blanche vision rentra dans l'air et s'y perdit. Un faible soupir d'adieu, distinct, lointain, parvint jusqu'à l'âme de Roger. Le comte se dressa ; il venait de s'apercevoir qu'il était seul. Son rêve venait de se dissoudre d'un seul coup ; il avait brisé le magnétique fil de sa trame radieuse avec une seule parole. L'atmosphère était, maintenant, celle des défunts.

Comme ces larmes de verre, agrégées illogiquement, et cependant si solides qu'un coup de maillet sur leur partie épaisse ne les briserait pas, mais qui tombent en une subite et impalpable poussière si l'on en casse l'extrémité plus fine que la pointe d'une aiguille, tout s'était évanoui.

— Oh! murmura-t-il, c'est donc fini! — Perdue!... Toute seule! — Quelle est la route, maintenant, pour parvenir jusqu'à toi? Indique-moi le chemin qui peut me conduire vers toi!...

Soudain, comme une réponse, un objet brillant tomba du lit nuptial, sur la noire fourrure, avec un bruit métallique : un rayon de l'affreux jour terrestre l'éclaira!... L'abandonné se baissa, le saisit, et un sourire sublime illumina son visage en reconnaissant cet objet : c'était la clef du tombeau.

(Des *Contes Cruels*, édition Calmann Lévy).

VOX POPULI

A Monsieur Leconte de Lisle

> « Le soldat prussien fait son café dans une lanterne sourde. »
> LE SERGENT HOFF.

GRANDE revue aux Champs-Élysées, ce jour-là! Voici douze ans de subis depuis cette vision. — Un soleil d'été brisait ses longues flèches d'or sur les toits et les dômes de la vieille capitale. Des myriades de vitres se renvoyaient des éblouissements : le peuple, baigné d'une poudreuse lumière, encombrait les rues pour voir l'armée.

Assis, devant la grille du parvis Notre-Dame, sur un haut pliant de bois, — et les genoux croisés en de noirs haillons, — le centenaire Mendiant, doyen de la Misère de Paris, — face de deuil au teint de cendre, peau sillonnée de rides couleur de terre, — mains jointes sous l'écriteau qui consacrait légalement sa cécité, offrait son aspect d'ombre au *Te Deum* de la fête environnante.

Tout ce monde, n'était-ce pas son prochain? Les passants en joie, n'étaient-ce pas ses frères? A coup sûr, Espèce humaine! D'ailleurs, cet hôte du souverain portail n'était pas dénué de tout bien : l'État lui avait reconnu le droit d'être aveugle.

Propriétaire de ce titre et de la respectabilité inhérente à ce lieu des aumônes sûres qu'officiellement il occupait, possédant enfin qualité d'électeur, c'était notre égal, — à la Lumière près.

Et cet homme, sorte d'attardé chez les vivants, articulait, de temps à autre, une plainte monotone, — syllabisation évidente du profond soupir de toute sa vie :

VOX POPULI

— « Prenez pitié d'un pauvre aveugle, s'il vous plaît ! »

Autour de lui, sous les puissantes vibrations tombées du beffroi, — *dehors*, là-bas, au delà du mur de ses yeux, — des piétinements de cavalerie, et, par éclats, des sonneries aux champs, des acclamations mêlées aux salves des Invalides, aux cris fiers des commandements, des bruissements d'acier, des tonnerres de tambours scandant des défilés interminables d'infanterie, toute une rumeur de gloire lui arrivait ! Son ouïe suraiguë percevait jusqu'à des flottements d'étendards aux lourdes franges frôlant des cuirasses. Dans l'entendement du vieux captif de l'obscurité mille éclairs de sensations, pressenties et indistinctes, s'évoquaient ! Une divination l'avertissait de ce qui enfiévrait les cœurs et les pensées dans la Ville.

Et le peuple, fasciné, comme toujours, par le prestige qui sort, pour lui, des coups d'audace et de fortune, proférait, en clameur, ce vœu du moment :

— « Vive l'Empereur ! »

Mais, entre les accalmies de toute cette triomphale tempête, une voix perdue s'élevait du côté de la grille mystique. Le vieux homme, la nuque renversée contre le pilori de ses barreaux, roulant ses prunelles mortes vers le ciel, oublié de ce peuple dont il semblait, seul, exprimer le vœu véritable, le vœu caché sous les hurrahs, le vœu secret et personnel, psalmodiait, augural intercesseur, sa phrase maintenant mystérieuse :

— « Prenez pitié d'un pauvre aveugle, s'il vous plaît ! »

Grande revue aux Champs-Élysées, ce jour-là !
Voici *dix* ans d'envolés depuis le soleil de cette fête ! Mêmes bruits, mêmes voix, même fumée ! Une sourdine, toutefois, tempérait alors le tumulte de l'allégresse publique. Une ombre aggravait les regards. Les salves convenues de la plate-forme du Prytanée se compliquaient, cette fois, du grondement éloigné des batteries de nos forts. Et, tendant l'oreille, le peuple cherchait à discerner déjà, dans l'écho, la réponse des pièces ennemies qui s'approchaient.

Le gouverneur passait, adressant à tous maints sourires et guidé par l'amble-trotteur de son fin cheval. Le peuple, rassuré par cette confiance que lui inspire toujours une tenue irréprochable, alternait de chants patriotiques les applaudissements tout militaires dont il honorait la présence de ce soldat.

Mais les syllabes de l'ancien vivat furieux s'étaient modifiées : le peuple, éperdu, proférait ce vœu du moment :

— « Vive la République ! »

Et, là-bas, du côté du seuil sublime, on distinguait toujours la voix solitaire de Lazare. Le Diseur de l'arrière-pensée populaire ne modifiait pas, lui, la rigidité de sa fixe plainte.

Ame sincère de la fête, levant au ciel ses yeux éteints, il s'écriait, entre des silences, et avec l'accent d'une constatation :

— « Prenez pitié d'un pauvre aveugle, s'il vous plaît ! »

Grande revue aux Champs-Élysées, ce jour-là !

Voici *neuf* ans de supportés depuis ce soleil trouble !

Oh! mêmes rumeurs! mêmes fracas d'armes! mêmes hennissements! Plus assourdis encore, toutefois, que l'année précédente : criards, pourtant.

— « Vive la Commune! » clamait le peuple, au vent qui passe.

Et la voix du séculaire Élu de l'Infortune redisait, toujours, là-bas, au seuil sacré, son refrain rectificateur de l'unique pensée de ce peuple. Hochant la tête vers le ciel, il gémissait dans l'ombre :

— « Prenez pitié d'un pauvre aveugle, s'il vous plait! »

Et, deux lunes plus tard, alors qu'aux dernières vibrations du tocsin, le Généralissime des forces régulières de l'État passait en revue ses deux cent mille fusils, hélas! encore fumants de la triste guerre civile, le peuple, terrifié, criait, en regardant brûler, au loin, les édifices :

— « Vive le Maréchal! »

Là-bas, du côté de la salubre enceinte, l'immuable Voix, la voix du vétéran de l'humaine Misère, répétait sa machinalement douloureuse et impitoyable obsécration :

— « Prenez pitié d'un pauvre aveugle, s'il vous plait ! »

Et, depuis, d'année en année, de revues en revues, de vociférations en vociférations, quel que fût le nom jeté aux hasards de l'espace par le peuple en ses *vivats,* ceux qui écoutent, attentivement, les bruits de la terre, ont toujours distingué, au plus fort des révolutionnaires clameurs et des fêtes belliqueuses qui s'ensuivent, la Voix lointaine, la Voix *vraie,* l'intime Voix du symbolique Mendiant terrible ! — du Veilleur de nuit criant l'heure exacte du Peuple, — de l'incorruptible factionnaire de la conscience des citoyens, de celui qui restitue intégralement la prière occulte de la Foule et en résume le soupir.

Pontife inflexible de la Fraternité, ce Titulaire autorisé de la cécité physique n'a jamais cessé d'implorer, en médiateur inconscient, la charité divine, pour ses frères de l'intelligence.

Et, lorsque enivré de fanfares, de cloches et d'artillerie, le Peuple, troublé par ces vacarmes flatteurs, essaye en vain de se masquer à lui-même son vœu véritable, sous n'importe quelles syllabes mensongèrement enthousiastes, le Mendiant, lui, la face au Ciel, les bras levés, à tâtons, dans ses grandes ténèbres, se dresse au seuil éternel de l'Eglise, — et, d'une voix de plus en plus lamentable, mais qui semble porter au delà des étoiles, continue de crier sa rectification de prophète :

— « Prenez pitié d'un pauvre aveugle, s'il vous plaît! »

(Des *Contes Cruels*, édition Calmann Lévy).

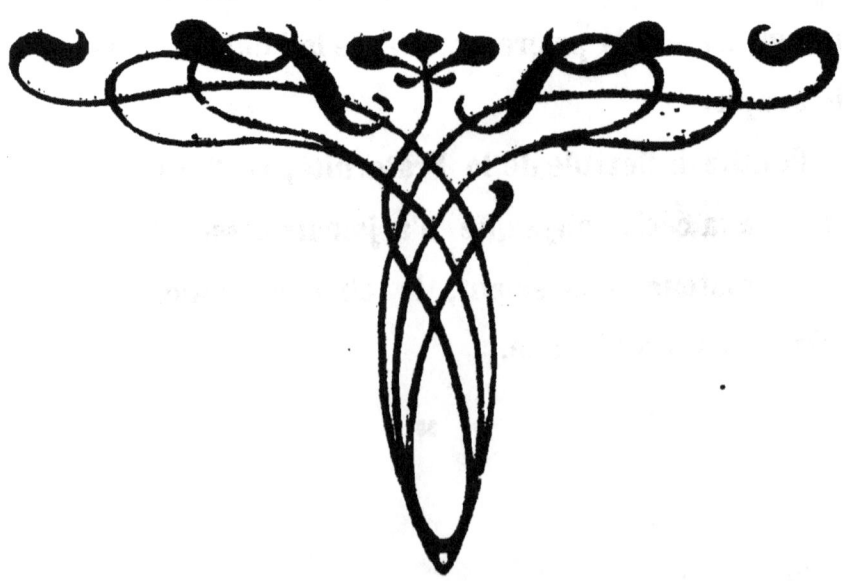

Duke of Portland

A Monsieur Henry La Luberne.

> Gentlemen, you are welcome to Elsinore.
> SHAKESPEARE, *Hamlet.*

> Attends-moi là : je ne manquerai pas, certes, de te rejoindre DANS CE CREUX VALLON.
> L'ÉVÊQUE HALL.

Sur la fin de ces dernières années, à son retour du Levant, Richard, duc de Portland, le jeune lord jadis célèbre dans toute l'Angleterre pour ses fêtes de nuit, ses victorieux pur-sang, sa science de boxeur, ses chasses au renard, ses châteaux, sa fabuleuse fortune, ses aventureux voyages et ses amours, — avait disparu brusquement.

Une seule fois, un soir, on avait vu son séculaire carrosse doré traverser, stores baissés, au triple galop et entouré de cavaliers portant des flambeaux, Hyde-Park.

Puis, — réclusion aussi soudaine qu'étrange, — le duc s'était retiré dans son familial manoir ; il s'était fait l'habitant solitaire de ce massif manoir à créneaux, construit en de vieux âges, au milieu de sombres jardins et de pelouses boisées, sur le cap de Portland.

Là, pour tout voisinage, un feu rouge, qui éclaire à toute heure, à travers la brume, les lourds steamers tanguant au large et entrecroisant leurs lignes de fumée sur l'horizon.

Une sorte de sentier, en pente vers la mer, une sinueuse allée, creusée entre des étendues de roches et bordée, tout au long, de pins sauvages, ouvre, en bas, ses lourdes grilles dorées sur le sable même de la plage, immergé aux heures du reflux.

Sous le règne de Henri VI, des légendes se dégagèrent

de ce château-fort, dont l'intérieur, au jour des vitraux, resplendit de richesses féodales.

Sur la plate-forme qui en relie les sept tours veillent encore, entre chaque embrasure, ici, un groupe d'archers, là, quelque chevalier de pierre, sculptés, au temps des croisades, dans des attitudes de combat*.

La nuit, ces statues, — dont les figures maintenant effacées par les lourdes pluies d'orage et les frimas de plusieurs centaines d'hivers, sont d'expressions maintes fois changées par les retouches de la foudre, — offrent un aspect vague qui se prête aux plus superstitieuses visions. Et lorsque, soulevés en masses multiformes par une tempête, les flots se ruent, dans l'obscurité, contre le promontoire de Portland, l'imagination du passant perdu qui se hâte sur les grèves, — aidée, surtout, des flammes versées par la lune à ces ombres granitiques, —

---

* Le château de Northumberland répond beaucoup mieux à cette description que celui de Portland. — Est-il nécessaire d'ajouter que, si le fond et la plupart des détails de cette histoire sont authentiques, l'auteur a dû modifier un peu le *personnage* même du duc de Portland, — puisqu'il écrit cette histoire *telle qu'elle aurait dû se passer*?

peut songer, en face de ce castel, à quelque éternel assaut soutenu par une héroïque garnison d'hommes d'armes fantômes contre une légion de mauvais esprits.

Que signifiait cet isolement de l'insoucieux seigneur anglais ? Subissait-il quelque attaque de spleen ? — Lui, ce cœur si natalement joyeux ! Impossible !... — Quelque mystique influence apportée de son voyage en Orient ? — Peut-être. — L'on s'était inquiété, à la cour, de cette disparition. Un message de Westminster avait été adressé, par la Reine, au lord invisible.

Accoudée auprès d'un candélabre, la reine Victoria s'était attardée, ce soir-là, en audience extraordinaire. A côté d'elle, sur un tabouret d'ivoire, était assise une jeune liseuse, miss Héléna H***.

Une réponse, scellée de noir, arriva de la part de lord Portland.

L'enfant, ayant ouvert le pli ducal, parcourut de ses yeux bleus, souriantes lueurs de ciel, le peu de lignes qu'il contenait. Tout à coup, sans une parole, elle le présenta, paupières fermées, à Sa Majesté.

La reine lut donc, elle-même, en silence.

Aux premiers mots, son visage, d'habitude impassible, parut s'empreindre d'un grand étonnement triste. Elle tressaillit même : puis, muette, approcha le papier des bougies allumées. — Laissant tomber ensuite, sur les dalles, la lettre qui se consumait :

— Mylords, dit-elle à ceux des pairs qui se trouvaient présents à quelques pas, vous ne reverrez plus notre cher duc de Portland. Il ne doit plus siéger au Parlement. Nous l'en dispensons, par un privilège nécessaire. Que son secret soit gardé ! Ne vous inquiétez plus de sa personne et que nul de ses hôtes ne cherche jamais à lui adresser la parole.

Puis congédiant, d'un geste, le vieux courrier du château :

— Vous direz au duc de Portland ce que vous venez de voir et d'entendre, ajouta-t-elle après un coup d'œil sur les cendres noires de la lettre.

Sur ces paroles mystérieuses, Sa Majesté s'était levée pour se retirer en ses appartements. Toutefois, à la vue de sa liseuse demeurée immobile et comme endormie, la joue appuyée sur son jeune bras blanc posé sur les moires pourpres de la table, la reine, surprise encore, murmura doucement :

— On me suit, Héléna ?

La jeune fille, persistant dans son attitude, on s'empressa auprès d'elle.

Sans qu'aucune pâleur eût décelé son émotion, — un lys, comment pâlir ? — elle s'était évanouie.

Une année après les paroles prononcées par Sa Majesté, — pendant une orageuse nuit d'automne, les navires de passage à quelques lieues du cap de Portland virent le manoir illuminé.

Oh ! ce n'était pas la première des fêtes nocturnes offertes, à chaque saison, par le lord *absent !*

Et l'on en parlait, car leur sombre excentricité touchait au fantastique, le duc n'y assistant pas.

Ce n'était pas dans les appartements du château que ces fêtes étaient données. Personne n'y entrait plus ; lord Richard, qui habitait, solitairement, le donjon même, paraissait les avoir oubliés.

Dès son retour, il avait fait recouvrir, par d'immenses glaces de Venise, les murailles et les voûtes des vastes souterrains de cette demeure. Le sol en était maintenant dallé de marbres et d'éclatantes mosaïques. — Des tentures de haute lice, entr'ouvertes sur des torsades, séparaient, seules, une enfilade de salles merveilleuses où, sous d'étincelants balustres d'or tout en lumières, apparaissait une installation de meubles orientaux, brodés d'arabesques précieuses, au milieu de floraisons tropicales, de jets d'eau de senteur en des vasques de porphyre et de belles statues.

Là, sur une amicale invitation du châtelain de Portland, « au regret d'être *absent*, toujours, » se rassemblait une foule brillante, toute l'élite de la jeune aristocratie de l'Angleterre, des plus séduisantes artistes ou des plus belles insoucieuses de la *gentry*.

Lord Richard était représenté par l'un de ses amis d'*autrefois*. Et il se commençait alors une nuit princièrement libre.

Seul, à la place d'honneur du festin, le fauteuil du jeune lord restait vide et l'écusson ducal qui en surmontait le dossier demeurait toujours voilé d'un long crêpe de deuil.

Les regards, bientôt enjoués par l'ivresse ou le plaisir, s'en détournaient volontiers vers des présences plus charmantes.

Ainsi, à minuit, s'étouffaient, sous terre, à Portland, dans les voluptueuses salles, au milieu des capiteux aromes des exotiques fleurs, les éclats de rire, les baisers, le bruit des coupes, des chants enivrés et des musiques !

Mais, si l'un des convives, à cette heure-là, se fût levé de table et, pour respirer l'air de mer, se fût aventuré au dehors, dans l'obscurité, sur les grèves, à travers les rafales des désolés vents du large, il eût aperçu, peut-être, un spectacle capable de troubler sa belle humeur, au moins pour le reste de la nuit.

Souvent, en effet, vers cette heure-là même, dans les détours de l'allée qui descendait vers l'Océan, un gentleman, enveloppé d'un manteau, le visage recouvert d'un masque d'étoffe noire auquel était adaptée une capuce circulaire qui cachait toute la tête, s'acheminait, la lueur d'un cigare à la main longuement gantée, vers la plage. Comme par une fantasmagorie d'un goût suranné, deux serviteurs aux cheveux blancs le précédaient; deux autres le suivaient, à quelques pas, élevant de fumeuses torches rouges.

Au-devant d'eux marchait un enfant, aussi en livrée de deuil, et ce page agitait, une fois par minute, le court battement d'une cloche pour avertir au loin que l'on s'écartât sur le passage du promeneur. Et l'aspect de cette petite troupe laissait une impression aussi glaçante que le cortège d'un condamné.

Devant cet homme s'ouvrait la grille du rivage; l'escorte le laissait seul et il s'avançait alors au bord des flots. Là, comme perdu en un pensif désespoir et s'enivrant de la désolation de l'espace, il demeurait taciturne, pareil aux spectres de pierre de la plate-forme, sous le vent, la pluie et les éclairs, devant le mugissement de l'Océan. Après une heure de cette songerie, le morne personnage, toujours accompagné des lumières et précédé du glas de la cloche, reprenait, vers le donjon, le sentier d'où il était descendu. Et souvent, chancelant en chemin, il s'accrochait aux aspérités des roches.

Le matin qui avait précédé cette fête d'automne, la jeune lectrice de la reine, toujours en grand deuil depuis le premier message, était en prières dans l'oratoire de Sa Majesté, lorsqu'un billet, écrit par l'un des secrétaires du duc, lui fut remis.

Il ne contenait que ces deux mots, qu'elle lut avec un frémissement : « Ce soir. »

C'est pourquoi, vers minuit, l'une des embarcations royales avait touché à Portland. Une juvénile forme féminine, en mante sombre, en était descendue, seule. La vision, après s'être orientée sur la plage crépusculaire, s'était hâtée, en courant vers les torches, du côté du tintement apporté par le vent.

Sur le sable, accoudé à une pierre et, de temps à autre, agité d'un tressaut mortel, l'homme au masque mystérieux était étendu dans son manteau.

— O malheureux ! s'écria dans un sanglot et en se

cachant la face, la jeune apparition lorsqu'elle arriva, tête nue, à côté de lui.

— Adieu! adieu! répondit-il.

On entendait, au loin, des chants et des rires, venus des souterrains de la féodale demeure dont l'illumination ondulait, reflétée, sur les flots.

— Tu es libre!... ajouta-t-il, en laissant retomber sa tête sur la pierre.

— Tu es délivré! répondit la blanche advenue en élevant une petite croix d'or vers les cieux remplis d'étoiles, devant le regard de celui qui ne parlait plus.

Après un grand silence et, comme elle demeurait ainsi devant lui, les yeux fermés et immobile, en cette attitude :

— Au *revoir*, Héléna! murmura celui-ci dans un profond soupir.

Lorsque après une heure d'attente les serviteurs se rapprochèrent, ils aperçurent la jeune fille à genoux sur le sable et priant auprès de leur maître.

— Le duc de Portland est mort, dit-elle.

Et, s'appuyant à l'épaule de l'un de ces vieillards, elle regagna l'embarcation qui l'avait amenée.

Trois jours après, on pouvait lire cette nouvelle dans le *Journal de la Cour :*

« — Miss Héléna H***, la fiancée du duc de Portland, convertie à la religion orthodoxe, a pris hier le voile aux carmélites de L***. »

Quel était donc le secret dont le puissant lord venait de mourir ?

Un jour dans ses lointains voyages en Orient, s'étant éloigné de sa caravane aux environs d'Antioche, le jeune duc, en causant avec les guides du pays, entendit parler d'un mendiant dont on s'écartait avec horreur et qui vivait, seul, au milieu des ruines.

L'idée le prit de visiter cet homme, car nul n'échappe à son destin.

Or, ce Lazare funèbre était ici-bas le dernier dépositaire de la grande lèpre antique, de la Lèpre-sèche et sans remède, du mal inexorable dont un

Dieu seul pouvait ressusciter, jadis, les Jobs de la légende.

Seul, donc, Portland, malgré les prières de ses guides éperdus, osa braver la contagion dans l'espèce de caverne où râlait ce paria de l'Humanité.

Là, même, par une forfanterie de grand gentilhomme, intrépide jusqu'à la folie, en donnant une poignée de pièces d'or à cet agonisant misérable, le pâle seigneur avait tenu *à lui serrer la main.*

A l'instant même un nuage était passé sur ses yeux. Le soir, se sentant perdu, il avait quitté la ville et l'intérieur des terres et, dès les premières atteintes, avait regagné la mer pour venir tenter une guérison dans son manoir, ou y mourir.

Mais, devant les ravages ardents qui se déclarèrent durant la traversée, le duc vit bien qu'il ne pouvait conserver d'autre espoir qu'en une prompte mort.

C'en était fait ! Adieu, jeunesse, éclat du vieux nom, fiancée aimante, postérité de la race ! — Adieu, forces, joies, fortune incalculable, beauté, avenir ! Toute espérance s'était engouffrée dans le creux de la poignée de main terrible. Le lord avait hérité du mendiant. Une seconde de bravade — un mouvement *trop* noble, plutôt ! — avait emporté cette existence lumineuse dans le secret d'une mort désespérée...

Ainsi périt le duc Richard de Portland, le dernier lépreux du monde.

(Des *Contes Cruels*, édition Calmann Lévy).

Impatience de la foule

A Monsieur Victor Hugo.

> « Passant, va dire à Lacédémone que nous sommes ici, morts pour obéir à ses saintes lois. »
>
> SIMONIDES.

La grande porte de Sparte, au battant ramené contre la muraille comme un bouclier d'airain appuyé à la poitrine d'un guerrier, s'ouvrait devant le Taygète. La poudreuse pente du mont rougeoyait des feux froids d'un couchant aux premiers jours de l'hiver, et l'aride versant renvoyait aux remparts de la ville d'Héraklès l'image d'une hécatombe sacrifiée au fond d'un soir cruel.

Au-dessus du portail civique, le mur se dressait lourdement. Au sommet terrassé se tenait une multitude toute rouge du soir. Les lueurs de fer des armures, les peplos, les chars, les pointes des piques, étincelaient du sang de l'astre. Seuls, les yeux de cette foule étaient sombres; ils envoyaient, fixement, des regards aigus comme des javelots vers la cime du mont, d'où quelque grande nouvelle était attendue.

La surveille, les Trois-Cents étaient partis avec le roi. Couronnés de fleurs, ils s'en étaient allés au festin de la Patrie. Ceux qui devaient souper dans les enfers avaient peigné leurs chevelures pour la dernière fois dans le temple de Lycurgue. Puis, levant leurs boucliers et les frappant de leurs épées, les jeunes hommes, aux applaudissements des femmes, avaient disparu dans l'aurore en chantant des vers de Tyrtée. Maintenant, sans doute, les hautes herbes du Défilé frôlaient leurs jambes nues, comme si la terre qu'ils allaient défendre voulait caresser encore ses enfants avant de les reprendre en son sein vénérable.

Le matin, des chocs d'armes, apportés par le vent,

et des vociférations triomphales, avaient confirmé les rapports des bergers éperdus. Les Perses avaient reculé deux fois, dans une immense défaite, laissant les dix mille Immortels sans sépulture. La Locride avait vu ces victoires ! La Thessalie se soulevait. Thèbes, elle-même, s'était réveillée devant l'exemple. Athènes avait envoyé ses légions et s'armait sous les ordres de Miltiade ; sept mille soldats renforçaient la phalange laconienne.

Mais voici qu'au milieu des chants de gloire et des prières dans le temple de Diane, les cinq Ephores, ayant écouté des messagers survenus, s'étaient entre-regardés. Le Sénat avait donné, sur-le-champ, des ordres pour la défense de la Ville. De là ces retranchements creusés en hâte, car Sparte, par orgueil, ne se fortifiait à l'ordinaire que de ses citoyens.

Une ombre avait dissipé toutes les joies. On ne croyait plus au discours des pasteurs ; les sublimes nouvelles furent oubliées, d'un seul coup, comme des fables ! Les prêtres avaient frissonné gravement. Des bras d'augures, éclairés par la flamme des trépieds, s'étaient levés, vouant aux divinités infernales ! Des paroles brèves avaient été chuchotées, terribles, aussitôt. Et l'on avait fait sortir les vierges, car on allait prononcer le nom d'un traître. Et leurs longs vêtements avaient passé sur les Ilotes, couchés, ivres de vin noir, en travers des degrés des portiques, lorsqu'elles avaient marché sur eux sans les apercevoir.

Alors retentit la nouvelle désespérée.

Un passage désert dans la Phocide avait été découvert aux ennemis. Un pâtre messénien avait vendu la terre d'Hellas. Ephialtès avait livré à Xerxès la mère patrie. Et les cavaleries perses, au front desquelles resplendissaient les armures d'or des satrapes, envahissaient déjà le sol des dieux, foulaient aux pieds la nourrice des héros! Adieu, temples, demeures des aïeux, plaines sacrées! Ils allaient venir, avec des chaînes, eux, les efféminés et les pâles, et se choisir des esclaves parmi tes filles, Lacédémone!

La consternation s'accrut de l'aspect de la montagne, lorsque les citoyens se furent rendus sur la muraille.

Le vent se plaignait dans les rocheuses ravines, entre les sapins qui se ployaient et craquaient, confondant leurs branches nues, pareilles aux cheveux d'une tête renversée avec horreur. La Gorgone courait dans les nuées, dont les voiles semblaient mouler sa face. Et la foule, couleur d'incendie, s'entassait dans les embrasures en admirant l'âpre désolation de la terre sous la menace du ciel. Cependant, cette multitude aux bouches sévères se condamnait au silence à cause des vierges. Il ne fallait pas agiter leur sein ni troubler leur sang d'impressions accusatrices envers un homme d'Hellas. On songeait aux enfants futurs.

L'impatience, l'attente déçue, l'incertitude du désastre, alourdissaient l'angoisse. Chacun cherchait à s'aggraver encore l'avenir, et la proximité de la destruction semblait imminente.

Certes, les premiers fronts d'armées allaient apparaître, dans le crépuscule! Quelques-uns se figuraient voir, dans les cieux et coupant l'horizon, le reflet des cavaleries de Xerxès, son char même. Les prêtres, tendant l'oreille, discernaient des clameurs venues du nord, disaient-ils, — malgré le vent des mers méridionales qui faisait bruire leurs manteaux.

Les balistes roulaient, prenant position; on bandait les scorpions et les monceaux de dards tombaient auprès des roues. Les jeunes filles disposaient des brasiers pour faire bouillir la poix; les vétérans, revêtus de leurs armures, supputaient, les bras croisés, le nombre d'ennemis qu'ils abattraient avant de tomber; on allait murer les portes, car Sparte ne se rendrait pas, même emportée d'assaut; on calculait les vivres, on prescrivait aux femmes le suicide, on consultait des entrailles abandonnées qui fumaient çà et là.

Comme on devait passer la nuit sur la muraille en cas de surprise des Perses, le nommé Nogaklès, le cuisinier des gardiens, sorte de magistrat, préparait, sur le rempart même, la nourriture publique. Debout contre une vaste cuve, il agitait son lourd pilon de pierre et, tout en écrasant distraitement le grain dans le lait salé, il regardait lui aussi, d'un air soucieux, la montagne.

On attendait. Déjà d'infâmes suggestions s'élevaient au sujet des combattants. Le désespoir de la foule est calomnieux; et les frères de ceux-là qui devaient bannir Aristide, Thémistocle et Miltiade, n'enduraient pas, sans fureur, leur inquiétude. Mais de très vieilles femmes, alors, secouaient la tête, en tressant leurs grandes chevelures blanches. Elles étaient sûres de leurs enfants et gardaient la farouche tranquillité des louves qui ont sevré.

Une obscurité brusque envahit le ciel ; ce n'était pas les ombres de la nuit. Un vol immense de corbeaux apparut, surgi des profondeurs du sud ; cela passa sur Sparte avec des cris de joie terrible ; ils couvraient l'espace, assombrissant la lumière. Ils allèrent se percher sur toutes les branches des bois sacrés qui entouraient le Taygète. Ils demeurèrent là, vigilants, immobiles, le bec tourné vers le nord et les yeux allumés.

Une clameur de malédiction s'éleva, tonnante, et les poursuivit. Les catapultes ronflèrent, envoyant des volées de cailloux dont les chocs sonnèrent après mille sifflements et crépitèrent en pénétrant les arbres.

Les poings tendus, les bras levés au ciel, on voulut les effrayer. Ils demeurèrent impassibles comme si une odeur divine de héros étendus les eût fascinés, et ils ne quittèrent point les branches noires, ployantes sous leur fardeau.

Les mères frémirent, en silence, devant cette apparition.

Maintenant les vierges s'inquiétaient. On leur avait distribué les lames saintes, suspendues, depuis des siècles, dans les temples. — « Pour qui ces épées ? » demandaient-elles. Et leurs regards, doux encore, allaient du miroitement des glaives nus aux yeux plus froids de ceux qui les avaient engendrées. On leur souriait par respect, — on les laissait dans l'incertitude des victimes, on leur apprendrait, au dernier instant, que ces épées étaient pour elles.

Tout à coup, les enfants poussèrent un cri. Leurs yeux avaient distingué quelque chose au loin. Là-bas, à la cime déjà bleuie du mont désert, un homme, emporté par le vent d'une fuite antérieure, descendait vers la Ville.

Tous les regards se fixèrent sur cet homme.

Il venait, tête baissée, le bras étendu sur une sorte de bâton rameux, — coupé au hasard de la détresse, sans doute, — et qui soutenait sa course vers la porte spartiate.

Déjà, comme il touchait à la zone où le soleil jetait ses derniers rayons sur le centre de la montagne, on distinguait son grand manteau enroulé autour de son corps : l'homme était tombé en route, car son manteau était tout souillé de fange, ainsi que son bâton. Ce ne pouvait être un soldat : il n'avait pas de bouclier.

Un morne silence accueillit cette vision.

De quel lieu d'horreur s'enfuyait-il ainsi? — Mauvais présage!

— Cette course n'était pas digne d'un homme. Que voulait-il?

— Un abri?... On le poursuivait donc? — L'ennemi, sans doute? — Déjà! — déjà!...

Au moment où l'oblique lumière de l'astre mourant l'atteignit des pieds à la tête, on aperçut les cnémides.

Un vent de fureur et de honte bouleversa les pensées. On oublia la présence des vierges, qui devinrent sinistres et plus blanches que de véritables lis.

Un nom, vomi par l'épouvante et la stupeur générales, retentit. C'était un Spartiate! un des Trois-Cents! On le reconnaissait. — Lui! c'était lui! Un soldat de la ville avait jeté son bouclier! On fuyait! Et les autres? Avaient-ils lâché pied, eux aussi, les intrépides? — Et l'anxiété crispait les faces. — La vue de cet homme équivalait à la vue de la défaite. Ah! pourquoi se voiler plus longtemps le vaste malheur! Ils avaient fui! Tous!.. Ils le suivaient! Ils allaient apparaître d'un instant à l'autre!... Poursuivis par les cavaliers perses! — Et, mettant la main sur ses yeux, le cuisinier s'écria qu'il les apercevait dans la brume!...

Un cri domina toutes les rumeurs. Il venait d'être poussé par un vieillard et une grande femme. Tous deux, cachant leurs visages interdits, avaient prononcé ces paroles horribles : « Mon fils! »

Alors, un ouragan de clameurs s'éleva. Les poings se tendirent vers le fuyard.

— Tu te trompes. Ce n'est pas ici le champ de bataille.

— Ne cours pas si vite. Ménage-toi.

— Les Perses achètent-ils bien les boucliers et les épées?

— Ephialtès est riche.

— Prends garde à ta droite! Les os de Pélops, d'Héraklès et de Pollux sont sous tes pieds. — Imprécations ! Tu vas réveiller les mânes de l'Aïeul, — mais il sera fier de toi.

— Mercure t'a prêté les ailes de ses talons! Par le Styx, tu gagneras le prix, aux Olympiades !

Le soldat semblait ne pas entendre et courait toujours vers la Ville.

Et, comme il ne répondait ni ne s'arrêtait, cela exaspéra. Les injures devinrent effroyables. Les jeunes filles regardaient avec stupeur.

Et les prêtres :

— Lâche ! Tu es souillé de boue ! Tu n'as pas embrassé la terre natale : tu l'as mordue !

— Il vient vers la porte ! — Ah ! par les dieux infernaux ! — Tu n'entreras pas !

Des milliers de bras s'élevèrent.

— Arrière ! C'est le barathre qui t'attend ! — ou plutôt... — Arrière ! Nous ne voulons pas de ton sang dans nos gouffres !

— Au combat ! Retourne !

— Crains les ombres des héros, autour de toi.

— Les Perses te donneront des couronnes ! Et des lyres ! Va distraire leurs festins, esclave !

A cette parole, on vit les jeunes filles de Lacédémone incliner le front sur leurs poitrines, et, serrant dans leurs bras les épées portées par les rois libres dans les âges reculés, elles versèrent des larmes en silence.

Elles enrichissaient, de ces pleurs héroïques, la rude poignée des glaives. Elles comprenaient et se vouaient à la mort, pour la patrie.

Soudain, l'une d'entre elles s'approcha, svelte et pâle, du rempart : on s'écarta pour lui livrer passage. C'était celle qui devait être un jour l'épouse du fuyard.

— Ne regarde pas, Siméïs !... lui crièrent ses compagnes.

Mais elle considéra cet homme et, ramassant une pierre, elle la lança contre lui.

La pierre atteignit le malheureux : il leva les yeux et s'arrêta. Et alors un frémissement parut l'agiter.

Sa tête, un moment relevée, retomba sur sa poitrine.

Il parut songer. A quoi donc?

Les enfants le contemplaient; les mères leur parlaient bas, en l'indiquant.

L'énorme et belliqueux cuisinier interrompit son labeur et quitta son pilon. Une sorte de colère sacrée lui fit oublier ses devoirs. Il s'éloigna de la cuve et vint se pencher sur une embrasure de la muraille. Puis, rassemblant toutes ses forces et gonflant ses joues, le vétéran cracha vers le transfuge. Et le vent qui passait emporta, complice de cette sainte indignation, l'infâme écume sur le front du misérable.

Une acclamation retentit, approbatrice de cette énergique marque de courroux.

On était vengé.

Pensif, appuyé sur son bâton, le soldat regardait fixement l'entrée ouverte de la Ville.

Sur le signe d'un chef, la lourde porte roula entre lui et l'intérieur des murailles et vint s'enchâsser entre les deux montants de granit.

Alors, devant cette porte fermée qui le proscrivait pour toujours, le fuyard tomba en arrière, tout droit, étendu sur la montagne.

A l'instant même, avec le crépuscule et le pâlissement du soleil, les corbeaux, eux, se précipitèrent sur cet homme; ils furent applaudis, cette fois, et leur voile meurtrier le déroba subitement aux outrages de la foule humaine.

Puis vint la rosée du soir qui détrempa la poussière autour de lui.

A l'aube, il ne resta de l'homme que les os dispersés.

Ainsi mourut, l'âme éperdue de cette seule gloire que jalousent les dieux et fermant pieusement les paupières pour que l'aspect de la réalité ne troublât d'aucune vaine tristesse la conception sublime qu'il gardait de la Patrie, ainsi mourut, sans parole, serrant dans sa main la palme funèbre et triomphale et à peine isolé de la boue natale par la pourpre de son sang, l'auguste guerrier élu messager de la Victoire par les Trois-Cents, pour ses mortelles blessures, alors que, jetant aux torrents des Thermopyles son bouclier et son épée, ils le poussèrent vers Sparte, hors du Défilé, le persuadant que ses dernières forces devaient être utilisées en vue du salut de la République; — ainsi disparut dans la mort, acclamé ou non de ceux pour lesquels il périssait, l'Envoyé de Léonidas.

(Des *Contes Cruels*, édition Calmann Lévy).

L'Intersigne

A Monsieur l'abbé Victor de Villiers
de L'Isle-Adam.

« Attende, homo, quid fuisti ante ortum et quod eris
« usque ad occasum. Profectò fuit quod non eras.
« Posteà, de vili materia factus, in utero matris de
« sanguine menstruali nutritus, tunica tua fuit pellis
« secundina. Deinde, in vilissimo panno involutus,
« progressus es ad nos, — sic indutus et ornatus ! Et
« non memor es quæ sit origo tua. Nihil est aliud
« homo quam sperma fœtidum, saccus stercorum,
« cibus vermium. Scientia, sapientia, ratio, sine Deo
« sicut nubes transeunt.

Post hominem vermis : post vermem fœtor et horror;
Sic, in non hominem, vertitur omnis homo.

« Cur carnem tuam adornas et impinguas, quam,
« post paucos dies, vermes devoraturi sunt in sepulchro,
« animam, vero, tuam non adornas, — quæ Deo et
« Angelis ejus præsentenda est in Cœlis !

SAINT-BERNARD, *Méditations*, t. II. — Bollandistes.
Préparation au Jugement dernier.

N soir d'hiver qu'entre gens de pensée, nous prenions le thé, autour d'un bon feu, chez l'un de nos amis, le baron Xavier de la V*** (un pâle jeune homme que d'assez longues fatigues militaires, subies, très jeune encore, en Afrique, avaient rendu d'une débilité de tempérament et d'une sauvagerie de mœurs peu communes), la conversation tomba sur un sujet des plus sombres : il était question de la *nature* de ces coïncidences extraordinaires, stupéfiantes, mystérieuses, qui surviennent dans l'existence de quelques personnes.

— Voici une histoire, nous dit-il, que je n'accompagnerai d'aucun commentaire. Elle est véridique. Peut-être la trouverez-vous impressionnante.

Nous allumâmes des cigarettes et nous écoutâmes le récit suivant :

— En 1876, au solstice de l'automne, vers ce temps où le nombre, toujours croissant, des inhumations accomplies à la légère, — beaucoup trop précipitées enfin, — commençait à révolter la Bourgeoisie parisienne et à la plonger dans les alarmes, un certain soir, sur les huit heures, à l'issue d'une séance de spiritisme des plus curieuses, je me sentis, en rentrant chez moi, sous l'influence de ce spleen héréditaire dont la noire obsession déjoue et réduit à néant les efforts de la Faculté.

C'est en vain qu'à l'instigation doctorale j'ai dû, maintes fois, m'enivrer du breuvage d'Avicenne*; en vain me suis-je assimilé, sous toutes formules, des quintaux de fer et, foulant aux pieds tous les plaisirs, ai-je fait descendre, nouveau Robert d'Arbrissel, le vif-argent de mes ardentes passions jusqu'à la température des Samoyèdes, rien n'a prévalu ! — Allons. Il paraît, décidément, que je suis un personnage taciturne et morose ! Mais il faut aussi que, sous une apparence nerveuse, je sois, comme on dit, bâti à chaux et à sable, pour me trouver encore à même, après tant de soins, de pouvoir contempler les étoiles.

Ce soir-là donc, une fois dans ma chambre, en allumant un cigare aux bougies de la glace, je m'aperçus que j'étais mortellement pâle ! et je m'ensevelis dans un ample fauteuil, vieux meuble en velours grenat capitonné où le vol des heures, sur mes longues songeries, me semble moins lourd. L'accès de spleen devenait pénible

---

* Le séné (Avicéné) : (*Hist.*).

jusqu'au malaise, jusqu'à l'accablement! Et, jugeant impossible d'en secouer les ombres par aucune distraction mondaine, — surtout au milieu des horribles soucis de la capitale, — je résolus, par essai, de m'éloigner de Paris, d'aller prendre un peu de nature au loin, de me livrer à de vifs exercices, à quelques salubres parties de chasse, par exemple, pour tenter de diversifier.

A peine cette pensée me fut-elle venue, *à l'instant même* où je me décidai pour cette ligne de conduite, le nom d'un vieil ami, oublié depuis des années, l'abbé Maucombe, me passa dans l'esprit.

— L'abbé Maucombe!... dis-je, à voix basse.

Ma dernière entrevue avec le savant prêtre datait du moment de son départ pour un long pèlerinage en Palestine. La nouvelle de son retour m'était parvenue autrefois. Il habitait l'humble presbytère d'un petit village en basse Bretagne.

Maucombe devait y disposer d'une chambre quelconque, d'un réduit ? — Sans doute, il avait amassé, dans ses voyages, quelques anciens volumes ? des curiosités du Liban ? Les étangs, auprès des manoirs voisins, recélaient, à le parier, du canard sauvage ?... Quoi de plus opportun !... Et, si je voulais jouir, avant les premiers froids, de la dernière quinzaine du féerique mois d'octobre dans les rochers rougis, si je tenais à voir encore resplendir les longs soirs d'automne sur les hauteurs boisées, je devais me hâter !

La pendule sonna neuf heures.

Je me levai ; je secouai la cendre de mon cigare. Puis, en homme de décision, je mis mon chapeau, ma houppelande et mes gants ; je pris ma valise et mon fusil : je soufflai les bougies et je sortis — en fermant sournoisement et à triple tour la vieille serrure à secret qui fait l'orgueil de ma porte.

Trois quarts d'heure après, le convoi de la ligne de Bretagne m'emportait vers le petit village de Saint-Maur, desservi par l'abbé Maucombe ; j'avais même trouvé le temps, à la gare, d'expédier une lettre crayonnée à la hâte, en laquelle je prévenais mon père de mon départ.

Le lendemain matin, j'étais à R***, d'où Saint-Maur n'est distant que de deux lieues, environ.

Désireux de conquérir une bonne nuit (afin de pouvoir prendre mon fusil dès le lendemain, au point du jour), et toute sieste d'après déjeuner me semblant capable d'empiéter sur la perfection de mon sommeil, je consacrai ma journée, pour me tenir éveillé malgré la fatigue, à plusieurs visites chez d'anciens compagnons d'études. — Vers cinq heures du soir, ces devoirs remplis, je fis seller, au Soleil-d'Or, où j'étais descendu, et, aux lueurs du couchant, je me trouvai en face d'un hameau.

Chemin faisant, je m'étais remémoré le prêtre chez lequel j'avais dessein de m'arrêter pendant quelques jours. Le laps de temps qui s'était écoulé depuis notre dernière rencontre, les excursions, les événements intermédiaires et les habitudes d'isolement devaient avoir modifié son caractère et sa personne. J'allais le retrouver grisonnant. Mais je connaissais la conversation fortifiante du docte recteur, — et je me faisais une espérance de songer aux veillées que nous allions passer ensemble.

— L'abbé Maucombe ! ne cessais-je de me répéter tout bas, — excellente idée !

L'INTERSIGNE

En interrogeant sur sa demeure les vieilles gens qui paissaient les bestiaux le long des fossés, je dus me convaincre que le curé, — en parfait confesseur d'un Dieu de miséricorde, — s'était profondément acquis l'affection de ses ouailles et, lorsqu'on m'eut bien indiqué le chemin du presbytère assez éloigné du pâté de masures et de chaumines qui constitue le village de Saint-Maur, je me dirigeai de ce côté.

J'arrivai.

L'aspect champêtre de cette maison, les croisées et leurs jalousies vertes, les trois marches de grès, les lierres, les clématites et les roses-thé qui s'enchevêtraient sur les murs jusqu'au toit, d'où s'échappait, d'un tuyau à girouette, un petit nuage de fumée, m'inspirèrent des idées de recueillement, de santé et de paix profonde. Les arbres d'un verger voisin montraient, à travers un treillis d'enclos, leurs feuilles rouillées par l'énervante saison. Les deux fenêtres de l'unique étage brillaient des feux de l'Occident; une niche où se tenait l'image d'un bienheureux était creusée entre elles. Je mis pied à terre, silencieusement : j'attachai le cheval au volet et je levai le marteau de la porte, en jetant un coup d'œil de voyageur à l'horizon, derrière moi.

Mais l'horizon brillait tellement sur les forêts de chênes lointains et de pins sauvages, où les derniers oiseaux s'envolaient dans le soir; les eaux d'un étang couvert de roseaux, dans l'éloignement, réfléchissaient si solennellement le ciel; la nature était si belle, au milieu de ces airs calmés, dans cette campagne déserte, à ce moment où tombe le silence, que je restai — sans quitter le marteau suspendu, — que je restai muet.

O toi, pensai-je, qui n'as point l'asile de tes rêves, et pour qui la terre de Chanaan, avec ses palmiers et ses eaux vives, n'apparaît pas, au milieu des aurores, après avoir tant marché sous de dures étoiles, voyageur si joyeux au départ et maintenant assombri, — cœur fait pour d'autres exils que ceux dont tu partages l'amertume avec des frères mauvais, — regarde ! Ici l'on peut s'asseoir sur la pierre de la mélancolie ! — Ici les rêves morts ressuscitent, devançant les moments de la tombe !

Si tu veux avoir le véritable désir de mourir, approche : ici la vue du ciel exalte jusqu'à l'oubli.

J'étais dans cet état de lassitude, où les nerfs sensibilisés vibrent aux moindres excitations. Une feuille tomba près de moi ; son bruissement furtif me fit tressaillir. Et le magique horizon de cette contrée entra dans mes yeux ! Je m'assis devant la porte, solitaire.

Après quelques instants, comme le soir commençait à fraîchir, je revins au sentiment de la réalité. Je me levai très vite et je repris le marteau de la porte en regardant la maison riante.

Mais, à peine eus-je de nouveau jeté sur elle un regard distrait, que je fus forcé de m'arrêter encore, me demandant, cette fois, si je n'étais pas le jouet d'une hallucination.

Était-ce bien la maison que j'avais vue tout à l'heure ? Quelle ancienneté me dénonçaient, *maintenant*, les longues lézardes, entre les feuilles pâles ? — Cette bâtisse avait un air étranger ; les carreaux illuminés par les rayons d'agonie du soir brûlaient d'une lueur intense ; le portail hospitalier m'invitait avec ses trois marches : mais, en concentrant mon attention sur ces dalles grises, je vis qu'elles venaient d'être polies, que des traces de lettres creusées y restaient encore, et je vis bien qu'elles provenaient du cimetière voisin, — dont les croix noires m'apparaissaient, à présent, de côté, à une centaine de pas. Et la maison me sembla changée à donner le frisson, et les échos du lugubre coup du marteau que je laissai retomber, dans mon saisissement, retentirent, dans l'intérieur de cette demeure, comme les vibrations d'un glas.

Ces sortes de *vues*, étant plutôt morales que physiques, s'effacent avec rapidité. Oui, j'étais, à n'en pas douter une seconde, la victime de cet abattement intellectuel que j'ai signalé. Très empressé de voir un visage qui m'aidât, par son humanité, à en dissiper le souvenir, je poussai le loquet sans attendre davantage. — J'entrai.

La porte, mue par un poids d'horloge, se referma d'elle-même, derrière moi.

Je me trouvai dans un long corridor à l'extrémité duquel Nanon, la gouvernante, vieille et réjouie, descendait l'escalier, une chandelle à la main.

— Monsieur Xavier!... s'écria-t-elle, toute joyeuse en me reconnaissant.

— Bonsoir, ma bonne Nanon! lui répondis-je, en lui confiant, à la hâte, ma valise et mon fusil.

(J'avais oublié ma houppelande dans ma chambre, au Soleil-d'Or).

Je montai. Une minute après, je serrai dans mes bras mon vieil ami.

L'affectueuse émotion des premières paroles et le sentiment de la mélancolie du passé nous oppressèrent quelque temps, l'abbé et moi. — Nanon vint nous apporter la lampe et nous annoncer le souper.

— Mon cher Maucombe, lui dis-je en passant mon bras sous le sien pour descendre, c'est une chose de toute éternité que l'amitié intellectuelle, et je vois que nous partageons ce sentiment.

— Il est des esprits chrétiens d'une parenté divine très rapprochée, me répondit-il. — Oui. — Le monde a des croyances moins « raisonnables » pour lesquelles des partisans se trouvent qui sacrifient leur sang, leur bonheur, leur devoir. Ce sont des fanatiques! acheva-t-il en souriant. Choisissons, pour foi, la plus utile, puisque nous sommes libres et que nous devenons notre croyance.

— Le fait est, lui répondis-je, qu'il est déjà très mystérieux que deux et deux fassent quatre.

Nous passâmes dans la salle à manger. Pendant le repas, l'abbé, m'ayant doucement reproché l'oubli où je l'avais tenu si longtemps, me mit au courant de l'esprit du village.

Il me parla du pays, me raconta deux ou trois anecdotes touchant les châtelains des environs.

Il me cita ses exploits personnels à la chasse et ses triomphes à la pêche : pour tout dire, il fut d'une affabilité et d'un entrain charmants.

Nanon, messager rapide, s'empressait, se multipliait autour de nous et sa vaste coiffe avait des battements d'ailes.

Comme je roulais une cigarette en prenant le café, Maucombe, qui était un ancien officier de dragons, m'imita; le silence des premières bouffées nous ayant surpris dans nos pensées, je me mis à regarder mon hôte avec attention.

L'INTERSIGNE

Ce prêtre était un homme de quarante-cinq ans, à peu près, et d'une haute taille. De longs cheveux gris entouraient de leur boucle enroulée sa maigre et forte figure. Les yeux brillaient de l'intelligence mystique. Ses traits étaient réguliers et austères ; le corps, svelte, résistait au pli des années ; il savait porter sa longue soutane. Ses paroles, empreintes de science et de douceur, étaient soutenues par une voix bien timbrée, sortie d'excellents poumons. Il me paraissait enfin d'une santé vigoureuse : les années l'avaient fort peu atteint.

Il me fit venir dans son petit salon-bibliothèque.

Le manque de sommeil, en voyage, prédispose au frisson ; la soirée était d'un froid vif, avant-coureur de l'hiver. Aussi, lorsqu'une brassée de sarments flamba devant mes genoux, entre deux ou trois rondins, j'éprouvai quelque réconfort.

Les pieds sur les chenets, et accoudés en nos deux fauteuils de cuir bruni, nous parlâmes naturellement de Dieu.

J'étais fatigué : j'écoutais, sans répondre.

— Pour conclure, me dit Maucombe en se levant, nous

sommes ici pour témoigner, — par nos œuvres, nos pensées, nos paroles et notre lutte contre la Nature, — pour témoigner *si nous pesons le poids.*

Et il termina par une citation de Joseph de Maistre : « Entre l'Homme et Dieu, il n'y a que l'Orgueil. »

— Ce nonobstant, lui dis-je, nous avons l'honneur d'exister (nous, les enfants gâtés de cette Nature) dans un siècle de lumières ?

— Préférons-lui la Lumière des siècles, répondit-il en souriant.

Nous étions arrivés sur le palier, nos bougies à la main.

Un long couloir, parallèle à celui d'en bas, séparait, de celle de mon hôte, la chambre qui m'était destinée : — il insista pour m'y installer lui-même. Nous y entrâmes ; il regarda s'il ne me manquait rien et comme, rapprochés, nous nous donnions la main et le bonsoir, un vivace reflet de ma bougie tomba sur son visage. — Je tressaillis, cette fois !

Était-ce un agonisant qui se tenait debout, là, près de ce lit ? La figure qui était devant moi n'était pas, ne pouvait pas être celle du souper ! Ou, du moins, si je la reconnaissais vaguement, il me semblait que je ne l'avais vue, en réalité, qu'en ce moment-ci. Une seule réflexion me fera comprendre : l'abbé me donnait, humainement, la *seconde* sensation que, par une obscure correspondance, sa maison m'avait fait éprouver.

La tête que je contemplais était grave, très pâle, d'une pâleur de mort et les paupières étaient baissées. Avait-il oublié ma présence ? Priait-il ? Qu'avait-il donc à se tenir ainsi ! — Sa personne s'était revêtue d'une solennité si soudaine que je fermai les yeux. Quand je les rouvris, après une seconde, le bon abbé était toujours là, — mais, je le reconnaissais maintenant ! — A la bonne heure ! Son sourire amical dissipait en moi toute inquiétude. L'impression n'avait pas duré le temps d'adresser une question. Ç'avait été un saisissement, — une sorte d'hallucination.

Maucombe me souhaita, une seconde fois, la bonne nuit et se retira.

Une fois seul :

— Un profond sommeil, voilà ce qu'il me faut ! pensai-je.

Incontinent je songeai à la Mort ; j'élevai mon âme à Dieu et je me mis au lit.

L'une des singularités d'une extrême fatigue est l'impossibilité du sommeil immédiat. Tous les chasseurs ont éprouvé ceci. C'est un point de notoriété.

Je m'attendais à dormir vite et profondément. J'avais fondé de grandes espérances sur une bonne nuit. Mais, au bout de dix minutes, je dus reconnaître que cette gêne nerveuse ne se décidait pas à s'engourdir. J'entendais des tic-tac, des craquements brefs du bois et des murs. Sans doute des horloges-de-mort. Chacun des bruits imperceptibles de la nuit se répondait, en tout mon être, par un coup électrique.

Les branches noires se heurtaient dans le vent, au jardin. A chaque instant, des brins de lierre frappaient ma vitre. J'avais, surtout, le sens de l'ouïe d'une acuité pareille à celle des gens qui meurent de faim.

— J'ai pris deux tasses de café, pensai-je : c'est cela !

Et, m'accoudant sur l'oreiller, je me mis à regarder, obstinément, la lumière de la bougie, sur la table, auprès de moi. Je la regardai avec fixité, entre les cils, avec cette attention intense que donne au regard l'absolue distraction de la pensée.

Un petit bénitier, en porcelaine coloriée, avec sa branche de buis, était suspendu auprès de mon chevet. Je mouillai, tout à coup, mes paupières avec l'eau bénite, pour les rafraîchir : puis j'éteignis la bougie et je fermai les yeux. Le sommeil s'approchait : la fièvre s'apaisait.

J'allais m'endormir.

Trois petits coups secs, impératifs, furent frappés à ma porte.

— Hein ? me dis-je, en sursaut.

Alors je m'aperçus que mon premier somme avait déjà commencé. J'ignorais où j'étais. Je me croyais à Paris. Certains repos donnent ces sortes d'oublis risibles. Ayant même, presque aussitôt, perdu de vue la cause principale de mon réveil, je m'étirai voluptueusement, dans une complète inconscience de la situation.

— A propos! me dis-je tout à coup : mais on a frappé ? — Quelle visite peut bien....

A ce point de ma phrase, une notion confuse et obscure

que je n'étais plus à Paris, mais dans un presbytère de Bretagne, chez l'abbé Maucombe, me vint à l'esprit.

En un clin d'œil, je fus au milieu de la chambre.

Ma première impression, en même temps que celle du froid aux pieds, fut celle d'une vive lumière. La pleine lune brillait, en face de la fenêtre, au-dessus de l'église, et, à travers les rideaux blancs, découpait son angle de flamme déserte et pâle sur le parquet.

Il était bien minuit.

Mes idées étaient morbides. Qu'était-ce donc? L'ombre était extraordinaire.

Comme je m'approchais de la porte, une tache de braise, partie du trou de la serrure, vint errer sur ma main et sur ma manche.

Il y avait quelqu'un derrière la porte : on avait réellement frappé.

Cependant, à deux pas du loquet, je m'arrêtai court.

Une chose me paraissait surprenante : la *nature* de la tache qui courait sur ma main. C'était une lueur glacée, sanglante, n'éclairant pas. — D'autre part, comment se faisait-il que je ne voyais aucune ligne de lumière sous la porte, dans le corridor? — Mais, en vérité, ce qui sortait ainsi du trou de la serrure me causait l'impression du regard phosphorique d'un hibou!

En ce moment, l'heure sonna, dehors, à l'église, dans le vent nocturne.

— Qui est là? demandai-je, à voix basse.

La lueur s'éteignit : — j'allais m'approcher...

Mais la porte s'ouvrit, largement, lentement, silencieusement.

En face de moi, dans le corridor, se tenait, debout, une forme haute et noire, — un prêtre, le tricorne sur la tête. La lune l'éclairait tout entier à l'exception de la figure : je ne voyais que le feu de ses deux prunelles qui me considéraient avec une solennelle fixité.

Le souffle de l'autre monde enveloppait ce visiteur, son attitude m'oppressait l'âme. Paralysé par une frayeur qui s'enfla instantanément jusqu'au paroxysme, je contemplai le désolant personnage, en silence.

Tout à coup, le prêtre éleva le bras, avec lenteur, vers moi. Il me présentait une chose lourde et vague. C'était un manteau. Un grand manteau noir, un manteau de voyage. Il me le tendait, comme pour me l'offrir !...

Je fermai les yeux, pour ne pas voir cela. Oh ! je ne voulais pas voir cela ! Mais un oiseau de nuit, avec un cri affreux, passa entre nous et, le vent de ses ailes m'effleurant les paupières, me les fit rouvrir. Je sentis qu'il voletait par la chambre.

Alors, — et avec un râle d'angoisse, car les forces me trahissaient pour crier, — je repoussai la porte de mes deux mains crispées et étendues et je donnai un violent tour de clef, frénétique et les cheveux dressés !

Chose singulière, il me sembla que tout cela ne faisait aucun bruit.

C'était plus que l'organisme n'en pouvait supporter. Je m'éveillai. J'étais assis sur mon séant, dans mon lit, les bras tendus devant moi ; j'étais glacé ; le front trempé de sueur ; mon cœur frappait contre les parois de ma poitrine de gros coups sombres.

— Ah ! me dis-je, le songe horrible !

Toutefois, mon insurmontable anxiété subsistait. Il me fallut plus d'une minute avant d'*oser* remuer le bras pour chercher les allumettes : j'appréhendais de sentir, dans l'obscurité, une main froide saisir la mienne et la presser amicalement.

J'eus un mouvement nerveux en entendant ces allumettes bruire sous mes doigts dans le fer du chandelier. Je rallumai la bougie.

Instantanément, je me sentis mieux ; la lumière, cette vibration divine, diversifie les milieux funèbres et console des mauvaises terreurs.

Je résolus de boire un verre d'eau froide pour me remettre tout à fait et je descendis du lit.

En passant devant la fenêtre, je remarquai une chose : la lune était exactement pareille à celle de mon songe, bien que je ne l'eusse pas vue avant de me mettre au lit ; et, en allant, la bougie à la main, examiner la serrure de la porte, je constatai qu'un tour de clef avait été donné *en dedans*, ce que je n'avais point fait avant mon sommeil.

A ces découvertes, je jetai un regard autour de moi. Je commençai à trouver que la chose était revêtue d'un caractère bien insolite. Je me recouchai, je m'accoudai, je cherchai à me raisonner, à me prouver que tout cela n'était qu'un accès de somnambulisme très lucide, mais je me rassurai de moins en moins. Cependant, la fatigue me prit comme une vague, berça mes noires pensées et m'endormit brusquement dans mon angoisse.

Quand je me réveillai, un bon soleil jouait dans la chambre.

C'était une matinée heureuse. Ma montre, accrochée au chevet du lit, marquait dix heures. Or, pour nous réconforter, est-il rien de tel que le jour, le radieux soleil ? Surtout quand on sent les dehors embaumés et la campagne pleine d'un vent frais dans les arbres, les fourrés épineux, les fossés couverts de fleurs et tout humides d'aurore !

Je m'habillai à la hâte, très oublieux du sombre commencement de ma nuitée.

Complètement ranimé par des ablutions réitérées d'eau fraîche, je descendis.

L'abbé Maucombe était dans la salle à manger : assis devant la nappe déjà mise il lisait un journal en m'attendant.

L'INTERSIGNE

Nous nous serrâmes la main :

— Avez-vous passé une bonne nuit, mon cher Xavier? me demanda-t-il.

— Excellente! répondis-je distraitement (par habitude et sans accorder attention le moins du monde à ce que je disais).

La vérité est que je me sentais bon appétit : voilà tout.

Nanon intervint, nous apportant le déjeuner.

Pendant le repas notre causerie fut à la fois recueillie et joyeuse : l'homme qui vit saintement connaît, seul, la joie et sait la communiquer.

Tout à coup je me rappelai mon rêve.

— A propos, m'écriai-je, mon cher abbé, il me souvient que j'ai eu cette nuit un singulier rêve, — et d'une étrangeté... comment puis-je exprimer cela? Voyons... saisissante? étonnante? effrayante? — A votre choix! — Jugez-en.

Et, tout en pelant une pomme, je commençai à lui narrer, dans tous ses détails, l'hallucination sombre qui avait troublé mon premier sommeil.

Au moment où j'en étais arrivé au *geste* du prêtre

m'offrant le manteau, et *avant que j'eusse entamé cette phrase,* la porte de la salle à manger s'ouvrit. Nanon, avec cette familiarité particulière aux gouvernantes de curés, entra, dans le rayon du soleil, au beau milieu de la conversation, et, m'interrompant, me tendit un papier :

— Voici une lettre « très pressée » que le rural vient d'apporter, à l'instant, pour monsieur ! dit-elle.

— Une lettre ! — Déjà ! m'écriai-je, *oubliant mon histoire.* C'est de mon père. Comment cela ? — Mon cher abbé, vous permettez que je lise, n'est-ce pas !

— Sans doute ! dit l'abbé Maucombe, perdant également l'histoire de vue et subissant, magnétiquement, l'intérêt que je prenais à la lettre : — sans doute !

Je décachetai.

Ainsi l'incident de Nanon avait détourné notre attention par sa soudaineté.

— Voilà, dis-je, une vive contrariété, mon hôte : à peine arrivé, je me vois obligé de repartir.

— Comment ? demanda l'abbé Maucombe, reposant sa tasse sans boire.

— Il m'est écrit de revenir en toute hâte, au sujet

d'une affaire, d'un procès d'une importance des plus graves. Je m'attendais à ce qu'il ne se plaidât qu'en décembre : or, on m'avise qu'il se juge dans la quinzaine et, comme, seul, je suis à même de mettre en ordre les dernières pièces qui doivent nous donner gain de cause, il faut que j'aille!... Allons! quel ennui.

— Positivement, c'est fâcheux! dit l'abbé ; — comme c'est donc fâcheux!... Au moins, promettez-moi qu'aussitôt ceci terminé... La grande affaire, c'est le salut : j'espérais être pour quelque chose dans le vôtre — et voici que vous vous échappez! Je pensais déjà que le bon Dieu vous avait envoyé...

— Mon cher abbé, m'écriai-je, je vous laisse mon fusil. Avant trois semaines je serai de retour et, cette fois, pour quelques semaines, si vous voulez.

— Allez donc en paix! dit l'abbé Maucombe.

— Eh! c'est qu'il s'agit de presque toute ma fortune! murmurai-je.

— La fortune, c'est Dieu! dit simplement Maucombe.

— Et demain, comment vivrais-je, si?...

— Demain, on ne vit plus, répondit-il.

Bientôt nous nous levâmes de table, un peu consolés du contre-temps par cette promesse formelle de revenir.

Nous allâmes nous promener dans le verger, visiter les attenances du presbytère.

Toute la journée, l'abbé m'étala, non sans complaisance, ses pauvres trésors champêtres. Puis, pendant qu'il lisait son bréviaire, je marchai, solitairement, dans les environs, respirant l'air vivace et pur avec délices. Maucombe, à mon retour, s'étendit quelque peu sur son voyage en terre sainte ; tout cela nous conduisit jusqu'au coucher du soleil.

Le soir vint. Après un frugal souper, je dis à l'abbé Maucombe :

— Mon ami, l'*express* part à neuf heures précises. D'ici R***, j'ai bien une heure et demie de route. Il me faut une demi-heure pour régler à l'auberge en y reconduisant le cheval ; total, deux heures. Il en est sept : je vous quitte à l'instant.

— Je vous accompagnerai un peu, dit le prêtre : *cette promenade me sera salutaire.*

— A propos, lui répondis-je, préoccupé, voici l'adresse

de mon père (chez qui je demeure à Paris), si nous devons nous écrire.

Nanon, prit la carte et l'inséra dans une jointure de la glace.

Trois minutes après, l'abbé et moi nous quittions le presbytère et nous nous avancions sur le grand chemin. Je tenais mon cheval par la bride, comme de raison.

Nous étions déjà deux ombres.

Cinq minutes après notre départ, une bruine pénétrante, une petite pluie, fine et très froide, portée par un affreux coup de vent, frappa nos mains et nos figures.

Je m'arrêtai court :

— Mon vieil ami, dis-je à l'abbé, non ! décidément je ne souffrirai pas cela. Votre existence est précieuse et cette ondée glaciale est très malsaine. Rentrez. Cette pluie, encore une fois, pourrait vous mouiller dangereusement. Rentrez, je vous en prie.

L'abbé, au bout d'un instant, songeant à ses fidèles, se rendit à mes raisons.

— J'emporte une promesse, mon cher ami? me dit-il.

Et, comme je lui tendais la main :

— Un instant! ajouta-t-il; je songe que vous avez du chemin à faire — et que cette bruine est, en effet, pénétrante !

Il eut un frisson. Nous étions l'un auprès de l'autre, immobiles, nous regardant fixement comme deux voyageurs pressés.

En ce moment la lune s'éleva sur les sapins, derrière les collines, éclairant les landes et les bois à l'horizon. Elle nous baigna spontanément de sa lumière morne et pâle, de sa flamme déserte et pâle. Nos silhouettes et celle du cheval se dessinèrent, énormes, sur le chemin.

— Et, du côté des vieilles croix de pierre, là-bas, — du côté des vieilles croix en ruines qui se dressent en ce canton de Bretagne, dans les écreboisées où perchent les funestes oiseaux échappés du bois des Agonisants, — j'entendis, au loin, un *cri* affreux : l'aigre et alarmant fausset de la Freusée. Une chouette aux yeux de phosphore, dont la lueur tremblait sur le grand bras d'une yeuse, s'envola et passa entre nous, en prolongeant ce cri.

— Allons ! continua l'abbé Maucombe, moi, je serai chez moi dans une minute ; ainsi *prenez, — prenez ce manteau !* — J'y tiens beaucoup !... beaucoup ! — ajouta-t-il avec un ton inoubliable. — Vous me le ferez renvoyer par le garçon d'auberge qui vient au village tous les jours... *Je vous en prie.*

L'abbé en prononçant ces paroles, me tendait son manteau noir. Je ne voyais pas sa figure, à cause de l'ombre que projetait son large tricorne : mais je distinguai ses yeux *qui me considéraient avec une solennelle fixité.*

Il me jeta le manteau sur les épaules, me l'agrafa, d'un air tendre et inquiet, pendant que, sans forces, je fermais les paupières. Et, profitant de mon silence, il se hâta vers son logis. Au tournant de la route, il disparut.

Par une présence d'esprit, — et un peu, aussi, machinalement, — je sautai à cheval. Puis je restai immobile.

Maintenant j'étais seul sur le grand chemin. J'entendais les mille bruits de la campagne. En rouvrant les yeux, je vis l'immense ciel livide où filaient de monstrueux nuages ternes, cachant la lune, — la nature solitaire.

Cependant, je me tins droit et ferme, quoique je dusse être blanc comme un linge.

— Voyons ! me dis-je, du calme ! — J'ai la fièvre et je suis somnambule. Voilà tout.

Je m'efforçai de hausser les épaules : un poids secret m'en empêcha.

Et voici que, venue du fond l'horizon, du fond de ces bois décriés, une volée d'orfraies, à grand bruit d'ailes, passa, en criant d'horribles syllabes inconnues, au-dessus de ma tête. Elles allèrent s'abattre sur le toit du presbytère et sur le clocher dans l'éloignement : et le vent m'apporta des cris tristes. Ma foi, j'eus peur. Pourquoi ? Qui me le précisera jamais ? J'ai vu le feu, j'ai touché de la mienne plusieurs épées ; mes nerfs sont mieux trempés, peut-être, que ceux des plus flegmatiques et des plus blafards : j'affirme, toutefois, très humblement, que j'ai eu peur ici, — et pour de bon. J'en ai conçu, même, pour moi, quelque estime intellectuelle. N'a pas peur de ces choses-là qui veut.

Donc, en silence, j'ensanglantai les flancs du pauvre cheval et, les yeux fermés, les rênes lâchées, les doigts crispés sur les crins, le manteau flottant derrière moi tout droit, je sentis que le galop de ma bête était aussi violent que possible ; elle allait ventre à terre : de temps en temps mon sourd grondement, à son oreille, lui communiquait, à coup sûr, et d'instinct, l'horreur superstitieuse, dont je frissonnais malgré moi. Nous arrivâmes, de la sorte, en moins d'une demi-heure. Le bruit du pavé des faubourgs me fit redresser la tête — et respirer !

— Enfin ! je voyais des maisons ! des boutiques éclairées ! les figures de mes semblables derrière les vitres ! Je voyais des passants !... Je quittais le pays des cauchemars !

A l'auberge, je m'installai devant le bon feu. La conversation des rouliers me jeta dans un état voisin de l'extase. Je sortais de la Mort. Je regardai la flamme entre mes doigts. J'avalai un verre de rhum. Je reprenais, enfin, le gouvernement de mes facultés.

Je me sentais rentré dans la vie réelle.

J'étais même, — disons-le, — un peu honteux de ma panique.

Aussi, comme je me sentis tranquille, lorsque j'accomplis la commission de l'abbé Maucombe ! Avec quel sourire mondain j'examinai le manteau noir en le remettant à l'hôtelier ! L'hallucination était dissipée. J'eusse fait, volontiers, comme dit Rabelais, « le bon compagnon ».

Le manteau en question ne me parut rien offrir d'extraordinaire ni, même, de particulier, — si ce n'est qu'il était très vieux et même rapiécé, recousu, redoublé avec une espèce de tendresse bizarre. Une charité profonde, sans doute, portait l'abbé Maucombe à donner en aumônes le prix d'un manteau neuf: du moins, je m'expliquai la chose de cette façon.

— Cela se trouve bien ! — dit l'aubergiste ; le garçon doit aller au village tout à l'heure : il va partir ; il rapportera le manteau chez M. Maucombe en passant, avant dix heures.

Une heure après, dans mon wagon, les pieds sur la chaufфеuse, enveloppé dans ma houppelande reconquise, je me disais, en allumant un bon cigare et en écoutant le bruit du sifflet de la locomotive :

— Décidément, j'aime encore mieux ce cri-là que celui des hiboux.

※

Je regrettais un peu, je dois l'avouer, d'avoir promis de revenir.

Là-dessus je m'endormis, enfin, d'un bon sommeil, oubliant complètement ce que je devais traiter désormais de coïncidence insignifiante.

Je dus m'arrêter six jours à Chartres, pour collationner des pièces qui, depuis, amenèrent la conclusion favorable de notre procès.

Enfin, l'esprit obsédé d'idées de paperasses et de chicane — et sous l'abattement de mon maladif ennui, — je revins à Paris, juste le soir du septième jour de mon départ du presbytère.

J'arrivai directement chez moi, sur les neuf heures. Je montai. Je trouvai mon père dans le salon. Il était assis, auprès d'un guéridon, éclairé par une lampe. Il tenait une lettre ouverte à la main.

Après quelques paroles :

— Tu ne sais pas, j'en suis sûr, quelle nouvelle m'apprend cette lettre ! me dit-il : notre bon vieil abbé Maucombe est mort depuis ton départ.

Je ressentis, à ces mots, une commotion.

— Hein? répondis-je.

— Oui, mort, — avant-hier, vers minuit, — trois jours après ton départ de son presbytère, — d'un froid gagné sur le grand chemin. Cette lettre est de la vieille Nanon. La pauvre femme paraît avoir la tête si perdue, même, qu'elle répète deux fois une phrase... singulière... à propos d'un manteau... Lis donc toi-même!

Il me tendit la lettre où la mort du saint prêtre nous était annoncée, en effet, — et où je lus ces simples lignes :

« Il était très heureux, — disait-il à ses dernières paroles, — d'être enveloppé à son dernier soupir et enseveli dans le manteau qu'il avait rapporté de son pèlerinage en terre sainte, *et qui avait touché* LE TOMBEAU. »

(Des *Contes Cruels*, édition Calmann Lévy).

Souvenirs occultes

A Monsieur Franc Lamy.

« Et il n'y a pas, dans toute la contrée, de château plus chargé de gloire et d'années que mon mélancolique manoir héréditaire. »

EDGAR POE.

Je suis issu, me dit-il, moi, dernier Gaël, d'une famille de Celtes, durs comme nos rochers. J'appartiens à cette race de marins, fleur illustre d'Armor, souche de bizarres guerriers, dont les actions d'éclat figurent au nombre des joyaux de l'Histoire.

L'un de ces devanciers, excédé, jeune encore, de la vue ainsi que du fastidieux commerce de ses proches, s'exila pour jamais, et le cœur plein d'un mépris oublieux, du manoir natal. C'était lors des expéditions d'Asie ; il s'en alla combattre aux côtés du bailli de Suffren et se distingua bientôt, dans les Indes, par de mystérieux coups de main qu'il exécuta, seul, à l'intérieur des *Cités-mortes*.

Ces villes, sous des cieux blancs et déserts, gisent, effondrées au centre d'horribles forêts. Les feuilles, l'herbe, les rameaux secs jonchent et obstruent les sentiers qui furent des avenues populeuses, d'où le bruit des chars, des armes et des chants s'est évanoui.

Ni souffles, ni ramages, ni fontaines en la calme horreur de ces régions. Les bengalis, eux-mêmes, s'éloignent, ici, des vieux ébéniers, ailleurs leurs arbres. Entre les décombres, accumulés dans les éclaircies, d'immenses et monstrueuses éruptions de très longues fleurs, calices funestes où brûlent, subtils, les esprits du Soleil, s'élancent, striées d'azur, nuancées de feu, veinées de cinabre, pareilles aux radieuses dépouilles d'une myriade de paons disparus. Un air chaud de mortels aromes pèse sur les muets débris : et c'est comme une vapeur de cassolettes funéraires, une bleue, enivrante et torturante sueur de parfums.

Le hasardeux vautour qui, pèlerin des plateaux du Caboul, s'attarde sur cette contrée et la contemple du faîte de quelque dattier noir, ne s'accroche aux lianes, tout à coup, que pour s'y débattre en une soudaine agonie.

Çà et là, des arches brisées, d'informes statues, des pierres, aux inscriptions plus rongées que celles de Sardes, de Palmyre ou de Khorsabad. Sur quelques-unes, qui ornèrent le fronton, jadis perdu dans les cieux, des portes de ces cités, l'œil peut déchiffrer encore et reconstruire le zend, à peine lisible, de cette souveraine devise des peuples libres d'alors :

« ... ET DIEU NE PRÉVAUDRA ! »

Le silence n'est troublé que par le glissement des crotales, qui ondulent parmi les fûts renversés des colomnes, ou se lovent, en sifflant, sous les mousses roussâtres.

Parfois, dans les crépuscules d'orage, le cri lointain

de l'hémyone, alternant tristement avec les éclats du tonnerre, inquiète la solitude.

Sous les ruines se prolongent des galeries souterraines aux accès perdus.

Là, depuis nombre de siècles, dorment les premiers rois de ces étranges contrées, de ces nations, plus tard sans maîtres, dont le nom même n'est plus. Or, ces rois, d'après les rites de quelque coutume sacrée sans doute, furent ensevelis sous ces voûtes, *avec leurs trésors*.

Aucune lampe n'illumine les sépultures.

Nul n'a mémoire que le pas d'un captif des soucis de la Vie et du Désir ait jamais importuné le sommeil de leurs échos.

Seule, la torche du brahmine, — ce spectre altéré de Nirvanah, ce muet esprit, simple *témoin* de l'universelle germination des devenirs, — tremble, imprévue, à de certains instants de pénitence ou de songeries divines, au sommet des degrés disjoints et projette, de marche en marche, sa flamme obscurcie de fumée jusqu'au profond des caveaux.

Alors les reliques, tout à coup mêlées de lueurs, étincellent d'une sorte de miraculeuse opulence !... Les chaines précieuses qui s'entrelacent aux ossements semblent les sillonner de subits éclairs. Les royales cendres, toutes poudreuses de pierreries, scintillent ! — Telle la poussière d'une route que rougit, avant l'ombre définitive, quelque dernier rayon de l'Occident.

Les Maharadjahs font garder, par des hordes d'élite, les lisières des forêts saintes et, surtout, les abords des clairières où commence le pêle-mêle de ces vestiges. — Interdits de même sont les rivages, les flots et les ponts écroulés des euphrates qui les traversent. — De taciturnes milices de cipayes, au cœur de hyène, incorruptibles et sans pitié, rôdent, sans cesse, de toutes parts, en ces parages meurtriers.

Bien des soirs, le héros déjoua leurs ruses ténébreuses, évita leurs embûches et confondit leur errante vigilance !... — Sonnant subitement du cor, dans la nuit, sur des points divers, il les isolait par ces alertes fallacieuses, puis, brusque, surgissait sous les astres, dans les hautes fleurs, éventrant rapidement leurs chevaux.

Les soldats, comme à l'aspect d'un mauvais génie, se terrifiaient de cette présence inattendue. — Doué d'une vigueur de tigre, l'Aventurier les terrassait alors, un par un, d'un seul bond ! les étouffait, tout d'abord, à demi, dans cette brève étreinte, — puis, revenant sur eux, les massacrait à loisir.

L'Exilé devint, ainsi, le fléau, l'épouvante et l'extermination de ces cruels gardes aux faces couleur de terre. Bref, c'était celui qui les abandonnait, cloués à de gros arbres, leurs propres yatagans dans le cœur.

S'engageant ensuite, au milieu du passé détruit, dans les allées, les carrefours et les rues de ces villes des vieux âges, il gagnait, malgré les parfums, l'entrée des sépulcres non pareils où gisent les restes de ces rois hindous.

Les portes n'en étant défendues que par des colosses de jaspe, sortes de monstres ou d'idoles aux vagues prunelles de perles et d'émeraudes, — aux formes créées par l'imaginaire de théogonies oubliées, — il y pénétrait aisément, bien que chaque degré descendu fît remuer les longues ailes de ces dieux.

Là, faisant main basse autour de lui, dans l'obscurité,

domptant le vertige étouffant des siècles noirs dont les esprits voletaient, heurtant son front de leurs membranes, il recueillait, en silence, mille merveilles. Tels, Cortez au Mexique et Pizarre au Pérou s'arrogèrent les trésors des caciques et des rois, avec moins d'intrépidité.

Les sacoches de pierreries au fond de sa barque, il remontait, sans bruit, les fleuves, en se garant des dangereuses clartés de la lune. Il nageait, crispé sur ses rames, au milieu des ajoncs, sans s'attendrir aux appels d'enfants plaintifs que larmoyaient les caïmans à ses côtés.

En peu d'heures, il atteignait ainsi une caverne éloignée, de lui seul connue, et dans les retraits de laquelle il vidait son butin.

Ses exploits s'ébruitèrent. — De là, des légendes, psalmodiées encore aujourd'hui dans les festins des nababs, à grand renfort de théorbes, par les fakirs. Ces vermineux trouvères, — non sans un vieux frisson de haineuse jalousie ou d'effroi respectueux, — y décernent à cet aïeul le titre de Spoliateur de tombeaux.

Une fois, cependant, l'intrépide nocher se laissa

séduire par les insidieux et mielleux discours du seul ami qu'il s'adjoignit jamais, dans une circonstance tout spécialement périlleuse. Celui-ci, par un singulier prodige, en réchappa, lui ! — Je parle du bien-nommé, du trop fameux colonel Sombre.

Grâce à cet oblique Irlandais, le bon Aventurier donna dans une embuscade. — Aveuglé par le sang, frappé de balles, cerné par vingt cimeterres, il fut pris, à l'improviste, et périt au milieu d'affreux supplices.

Les hordes hymalayennes, ivres de sa mort, et dans les bonds furieux d'une danse de triomphe, coururent à la caverne. Les trésors une fois recouvrés, ils s'en revinrent dans la contrée maudite. Les chefs rejetèrent pieusement ces richesses au fond des antres funèbres où gisent les mânes précités de ces rois de la nuit du monde. Et les vieilles pierreries y brillent encore, pareilles à des regards toujours allumés sur les races.

J'ai hérité, — moi, le Gaël, — des seuls éblouissements, hélas ! du soldat sublime, et de ses espoirs. —

J'habite, ici, dans l'Occident, cette vieille ville fortifiée, où m'enchaîne la mélancolie. Indifférent aux soucis politiques de ce siècle et de cette patrie, aux forfaits passagers de ceux qui les représentent, je m'attarde quand les soirs du solennel automne enflamment la cime rouillée des environnantes forêts. — Parmi les resplendissements de la rosée, je marche, seul, sous les voûtes des noires allées, comme l'Aïeul marchait sous les cryptes de l'étincelant obituaire! D'instinct, aussi, j'évite, je ne sais pourquoi, les néfastes lueurs de la lune et les malfaisantes approches humaines. Oui, je les évite, quand je marche ainsi, avec mes rêves!... Car je sens, *alors*, que je porte dans mon âme le reflet des richesses stériles d'un grand nombre de rois oubliés.

(Des *Contes Cruels*, édition Calmann Lévy).

Akëdyssèril

A Monsieur le Marquis de Salisbury.

> Toute chose ne se constitue que de son vide.
>
> Livres Hindous.

La ville sainte apparaissait, violette, au fond des brumes d'or : c'était un soir des vieux âges ; la mort de l'astre Souryâ, phénix du monde, arrachait des myriades de pierreries aux dômes de Bénarès.

Sur les hauteurs, à l'est occidental, de longues forêts de palmiers-palmyres mouvaient les bleuissements dorés de leurs ombrages sur les vallées du Habad ; —

à leurs versants opposés s'alternaient, dans les flammes du crépuscule, de mystiques palais séparés par des étendues de roses, aux corolles par milliers ondulantes sous l'étouffante brise. Là, dans ces jardins, s'élançaient des fontaines dont les jets retombaient en gouttes d'une neige couleur de feu.

Au centre du faubourg de Sécrole, le temple de Wishnou-l'éternel, de ses colonnades colossales, dominait la cité; ses portails, largement lamés d'or, réfractaient les clartés aériennes et, s'espaçant à ses alentours, les cent quatre-vingt-seize sanctuaires des Dévas plongeaient les blancheurs de leurs bases de marbre, lavaient les degrés de leurs parvis dans les étincelantes eaux du Gange : les ciselures à jour de leurs créneaux s'enfonçaient jusque dans la pourpre des lents nuages passants.

L'eau radieuse dormait sous les quais sacrés; des voiles, à des distances, pendaient, avec des frissons de lumière, sur la magnificence du fleuve, et l'immense ville riveraine se déroulait en un désordre oriental, étageant ses avenues, multipliant ses maisons sans nombre aux coupoles blanches, ses monuments, jusqu'aux quartiers des Parsis où le pyramidion du lingham de Sivà, l'ardent Wissikhor, semblait brûler dans l'incendie de l'azur.

Aux plus profonds lointains, l'allée circulaire des Puits, les interminables habitations militaires, les bazars de la zone des Echanges, enfin les tours des citadelles bâties sous le règne de Wisvamithra se fondaient en des teintes d'opale, si pures qu'y scintillaient déjà des lueurs d'étoiles. Et, surplombant dans les cieux mêmes ces confins de l'horizon, de démesurées figures d'êtres divins, sculptées sur les crêtes rocheuses des monts du Habad, siégeaient, évasant leurs genoux dans l'immensité : c'étaient des cimes taillées en forme de dieux; la plupart de ces silhouettes élevaient, dans l'abime, à l'extrémité d'un bras vertigineux, un lotus de pierre: — et l'immobilité de ces présences inquiétait l'espace, effrayait la vie.

Cependant, au déclin de cette journée, dans Bénarès, une rumeur de gloire et de fête étonnait le silence accoutumé des tombées du soir. — La multitude emplissait d'une allégresse grave les rues, les places publiques, les avenues, les carrefours et les pentes sablonneuses des deux rivages, car les veilleurs des Tours-saintes venaient de heurter, de leurs maillets de bronze, leurs gongs où tout à coup avait semblé chanter le tonnerre. Ce signal, qui ne retentissait qu'aux heures sublimes, annonçait le retour d'Akëdysséril, de la jeune triomphatrice des deux rois d'Agra, — de la svelte veuve au teint de perle, aux yeux éclatants, — de la souveraine, enfin, qui, portant le deuil en sa robe de trame d'or, s'était illustrée à l'assaut d'Eléphanta par des faits d'héroïsme qui avaient enflammé autour d'elle mille courages.

Akëdysséril était la fille d'un pâtre, Gwalior.

Un jour, au profond d'un val des environs de Bénarès, par un automnal midi, les Dêvas propices avaient conduit, à travers des hasards, aux bords d'une source où la jeune vierge baignait ses pieds, un chasseur d'aurochs, Sinjab, l'héritier royal, fils de Séûr le Clément qui régnait alors sur l'immense contrée du Habad. Et, sur l'instant même, le charme de l'enfant prédestinée avait suscité, dans tout l'être du jeune prince, un amour divin! La revoir encore embrasa bientôt si violemment les sens de Sinjab qu'il l'élut, d'un cœur ébloui, pour sa seule épouse, — et c'était ainsi que l'enfant du conducteur de troupeaux était devenue conductrice de peuples.

Or, voici : peu de temps après la merveilleuse union, le prince, — qu'elle aussi avait aimé à jamais, — était mort. Et, sur le vieux monarque, un désespoir avait à ce point projeté l'ombre dont on succombe, que tous entendirent, par deux fois, dans Bénarès, l'aboiement des chiens funèbres d'Yama, le dieu qui appelle, — et les peuples avaient dû élever, à la hâte, un double tombeau.

Désormais, n'était-ce pas au jeune frère de Sinjab, — à Sedjnour, le prince presque enfant, — que la succession dynastique du trône de Séür, sous la tutelle auguste d'Akëdysséril, devait être transmise?

Peut-être : nul ne délimitera la justice d'aucun droit chez les mortels.

Durant les rapides jours de son ascendante fortune, — du vivant de Sinjab, enfin, — la fille de Gwalior, émue, déjà, de secrètes prévisions et d'un cœur tourmenté par l'avenir, s'était conduite en brillante rieuse de tous droits étrangers à ceux-là seuls que consacrent la force, le courage et l'amour. — Ah! comme elle avait su, par de politiques largesses de dignités et d'or, se créer, à la cour de Séür, dans l'armée, dans la capitale, au conseil des vizirs, dans l'Etat, dans les provinces, parmi les chefs des brahmes, un parti d'une puissance que, d'heure en heure, le temps avait consolidée!... Anxieuse, aujourd'hui, des lendemains d'un avènement nouveau, dont la nature, même, lui était inconnue — car Séür avait désiré que la jeunesse de Sedjnour s'instruisît au loin, chez les sages du Népál — Akëdysséril, dès que le rappel du jeune prince eut été ordonné par le conseil, résolut de s'affranchir, d'avance, des adversités que le caprice du nouveau maître pourrait lui réserver.. Elle conçut le dessein de se saisir, au dédain de tous discutables devoirs, de la puissance royale.

Pendant la nuit du souverain deuil, celle qui ne dormait pas avait donc envoyé, au-devant de Sedjnour, des détachements de sowaris bien éprouvés d'intérêts et de foi pour sa cause, pour elle et pour les outrances de sa fortune. Le prince fut fait captif, brusquement, avec son escorte, — ainsi que la fille du roi de Sogdiane, la princesse Yelka, sa fiancée d'amour, accourue à sa rencontre, faiblement entourée.

Et ce fut au moment où tous deux s'apparaissaient pour la première fois, sur la route, aux clartés de la nuit.

Depuis cette heure, prisonniers d'Akēdysséril, les deux adolescents vivaient précipités du trône, isolés l'un de l'autre en deux palais que séparait le vaste Gange, et surveillés, sans cesse, par une garde sévère.

Ce double isolement, une raison d'Etat le motivait : si l'un d'eux parvenait à s'enfuir, l'autre demeurerait en otage et, réalisant la loi de prédestination promise aux fiancés dans l'Inde ancienne, ne s'étant apparus, cependant, qu'une fois, ils étaient devenus la pensée l'un de l'autre et s'aimaient d'une ardeur éternelle.

Près d'une année de règne affermit le pouvoir entre les mains de la dominatrice qui, fidèle aux mélancolies de son veuvage et seulement ambitieuse, peut-être, de mourir illustre, belle et toute-puissante, traitait, en conquérante aventureuse, avec les rois hindous, les menaçant ! — Son lucide esprit n'avait-il pas su augmenter la prospérité de ses Etats? Les Dêvas favorisaient le sort de ses armes. Toute la région l'admirait, subissant avec amour la magie du regard de cette guerrière — si délicieuse qu'en recevoir la mort était une faveur qu'elle ne prodiguait pas.

Et puis, une légende de gloire s'était répandue touchant son étrange valeur dans les batailles : souvent, les légions hindoues l'avaient vue, au fort des plus ardentes mêlées, se dresser, toute radieuse et intrépide, fleurie de gouttes de sang, sur l'haodah lourd de pierreries de son éléphant de guerre, et, insoucieuse, sous les pluies de javelots et de flèches, indiquer, d'un altier flamboiement de cimeterre, la victoire.

C'est pourquoi le retour d'Akëdysséril dans sa capitale, après un guerroyant exil de plusieurs lunes, était accueilli par les transports de son peuple.

Des courriers avaient prévenu la ville lorsque la reine

n'en fut plus distante que de très peu d'heures. Maintenant, on distinguait, au loin déjà, les éclaireurs aux turbans rouges, et des troupes aux sandales de fer descendaient les collines : la reine viendrait, sans doute, par la route de Surate; elle entrerait par la porte principale des citadelles, laissant camper ses armées dans les villages environnants.

Déjà, dans Bénarès, au profond de l'allée de Pryamvêda, des torches couraient sous les térébinthes; les esclaves royaux illuminaient de lampes, en hâte, l'immense palais de Séūr.

La population cueillait des branches triomphales et les femmes jonchaient de larges fleurs l'avenue du palais, transversale à l'allée des Richis, s'ouvrant sur la place de Kama; l'on se courbait, par foules, à de fréquents intervalles, en écoutant frémir la terre sous l'irruption des chars de guerre, des fantassins en marche et des flots de cavaleries.

Soudain, l'on entendit les sourds bruissements des tymbrils mêlés à des cliquetis d'armes et de chaînes — et, brisées par les chocs sonores de ces cymbales, les mélopées des flûtes de cuivre. Et voici que, de toute part, des cohortes d'avant-garde entraient dans la ville, enseignes hautes, exécutant, en désordre, les commandements vociférés par leurs sowaris.

Sur la place de Kama, l'esplanade de la porte de Surate était couverte de ces fauves tapis d'Irmensul — et des lointaines manufactures d'Ypsamboul — tissus aux bariolures éteintes, importés par les caravanes annuelles des marchands touraniens qui les échangeaient contre des eunuques.

Entre les branches des aréquiers, des palmiers-palmyres, des mangliers et des sycomores, le long de l'avenue du Gange, flottaient de riches étoffes de Bagdad, en signe de bonheur. Sous les dais de la porte d'Occident, aux deux angles du porche énorme de la forteresse, un éblouissant cortège de courtisans aux longues robes brodées, de brahmes, d'officiers du palais, attendaient, entourant le vizir-gouverneur auprès duquel étaient assis les trois vizirs-guikowars du Habad.

— On donnerait des réjouissances, on distribuerait au peuple le butin d'Eléphanta — de la poudre d'or, aussi — et, surtout, on livrerait, aux lueurs d'une torche solitaire, dans la vaste enceinte du cirque, de ces nocturnes combats de rhinocéros qu'idolâtraient les Hindous. Les habitants redoutaient seulement que des blessures eussent atteint la beauté de la reine; ils questionnaient les haletants éclaireurs; à grand'peine, ils étaient rassurés.

Dans un espace laissé libre, entre d'élevés et lourds trépieds de bronze d'où s'échappaient de bleuâtres vapeurs d'encens, se tordaient, en des guirlandes, des théories de bayadères vêtues de gazes brillantes; elles jouaient avec des chaînes de perles, faisaient miroiter des courbures de poignards, simulaient des mouvements de volupté, — des disputes, aussi, pour donner à leurs traits une animation; — c'était à l'entrée de l'avenue des Richis, sur le chemin du palais.

A l'autre extrémité de la place de Kama s'ouvrait, silencieusement, la plus longue avenue. Celle-là, depuis des siècles, on en détournait le regard. Elle s'étendait, déserte, assombrissant, sur son profond parcours à l'abandon, les voûtes de ses noirs feuillages. Devant l'entrée, une longue ligne de psylles, ceinturés de pagnes grisâtres, faisaient danser des serpents droits sur la pointe de la queue, aux sons d'une musique aiguë.

C'était l'avenue qui conduisait au temple de Sivà. Nul Hindou ne se fût aventuré sous l'épaisseur de son horrible feuillée. Les enfants étaient accoutumés à n'en parler jamais — fût-ce à voix basse. Et, comme la joie oppressait, aujourd'hui, les cœurs, on ne prenait aucune attention à cette avenue. On eût dit qu'elle n'arrondissait pas là, béante, ses ténèbres, avec son aspect de songe. D'après une très vieille tradition, à de certaines nuits, une goutte de sang suintait de chacune des feuilles, et cette ondée de pleurs rouges tombait, tristement, sur la terre, détrempant le sol de la lugubre allée dont l'étendue était toute pénétrée de l'ombre même de Sivà.

Tous les yeux interrogeaient l'horizon. — Viendrait-elle avant que montât la nuit? Et c'était une impatience à la fois recueillie et joyeuse.

Cependant le crépuscule s'azurait, les flammes dorées s'éteignaient et, dans la pâleur du ciel, déjà, — des étoiles...

Au moment où le globe divin oscillait au bord de l'espace, prêt à s'abîmer, de longs ruisseaux de feu coururent, en ondulant, sur les vapeurs occidentales — et voici qu'en cet instant même, au sortir des défilés de ces lointaines collines entre lesquelles s'aplanissait la route de Surate, apparurent, en des étincellements d'épaisses poussières, des nuages de cavaliers, puis des milliers de lances, des chars — et, de tous côtés, couronnant les hauteurs, surgirent des fronts de phalanges aux caftans brunis, aux semelles fauves, aux genouillères d'airain d'où sortaient de centrales pointes mortelles : un hérissement de piques dont presque toutes les extrémités, enfoncées en des têtes coupées, entre-heurtaient celles-ci en de farouches baisers, au hasard de chaque pas. Puis, escortant l'attirail roulant des machines de siége, et les claies sans nombre, attelées de robustes onagres, où, sur des litières de feuilles, gisaient les blessés, d'autres troupes de pied, les javelots ou la grande fronde à la ceinture ; — enfin, les chariots des vivres. C'était là presque toute l'avant-garde ; ils descendaient, en hâte, les pentes des sentiers, vers la ville, y pénétrant circulairement par toutes les portes. Peu après, les éclats des trompettes royales, encore invisibles, répondirent, là-bas, aux gongs sacrés qui grondaient sur Bénarès.

Bientôt des officiers émissaires arrivèrent au galop, éclaircissant la route, criant différents ordres, et suivis d'un roulis de pesants traîneaux d'où débordaient des trophées, des dépouilles opulentes, des richesses, le butin, entre deux légions de captifs cheminant tête basse, secouant des chaînes et que précédaient, sur leurs massifs chevaux tigrés, les deux rois d'Agra. Ceux-ci, la reine les ramenait en triomphe dans sa capitale, bien qu'avec de grands honneurs.

Derrière eux venaient des chars de guerre, aux frontons rayonnants, montés par des adolescentes en armures vermeilles, saignant, quelques-unes, de blessures mal serrées de langes, un grand arc, transversal, aux épaules, croisé de faisceaux de flèches : c'étaient les belliqueuses suivantes de la maitresse terrible.

Enfin, dominant ce désordre étincelant, au centre d'un demi-orbe formé de soixante-trois éléphants de bataille tout chargés de sowaris et de guerriers d'élite — que suivait de tous côtés, là-bas, l'immense vision d'un enveloppement d'armées — apparut l'éléphant noir, aux défenses dorées, d'Akëdyssëril.

A cet aspect, la ville entière, jusque-là muette et saisie à la fois d'orgueil et d'épouvante, exhala son convulsif transport en une tonnante acclamation ; des milliers de palmes, agitées, s'élevèrent ; ce fut une enthousiaste furie de joie.

Déjà, dans la haute lueur de l'air, on distinguait la forme de la reine du Habad qui, debout entre les quatre lances de son dais, se détachait, mystiquement, blanche en sa robe d'or, sur le disque du soleil. On apercevait, à sa taille élancée, le ceinturon constellé où s'agrafait son cimeterre. Elle mouvait, elle-même, entre les doigts de sa main gauche, la chaînette de sa monture formidable. A l'exemple des Dêvas sculptés au loin sur le faîte des monts du Habad, elle élevait, en sa main droite, la fleur sceptrale de l'Inde, un lotus d'or mouillé d'une rosée de rubis.

Le soir, qui l'illuminait, empourprait le grandiose entourage. Entre les jambes des éléphants pendaient, distinctes, sur le rouge-clair de l'espace, les diverses extrémités des trompes, — et, plus haut, latérales, les vastes oreilles sursautantes, pareilles à des feuilles de palmiers. Le ciel jetait, par éclairs, des rougeoiements sur les pointes des ivoires, sur les pierres précieuses des turbans, les fers des haches.

Et le terrain résonnait sourdement sous ces approches.

Et, toujours entre les pas de ces colosses, dont le demi-cercle effroyable masquait l'espace, une monstrueuse nuée noire, mouvante, sembla s'élever, de tous côtés à la fois, orbiculaire — et graduellement — du ras de l'horizon : c'était l'armée qui surgissait derrière eux, là-bas, étageant, entrecoupées de mille dromadaires, ses puissantes lignes. La ville se rassurait en songeant que les campements étaient préparés dans les bourgs prochains.

Lorsque la reine du Habad ne fut plus éloignée de l'Entrée-du-Septentrion que d'une portée de flèche, les cortèges s'avancèrent sur la route pour l'accueillir.

Et tous reconnurent, bientôt, le visage sublime d'Akëdysséril.

Cette neigeuse fille de la race solaire était de taille élevée. La pourpre mauve, intreillée de longs diamants, d'un bandeau fané dans les batailles, cerclait, espacée de hautes pointes d'or, la pâleur de son front. Le flottement de ses cheveux, au long de son dos svelte et musclé, emmêlait ses bleuâtres ombres, sur le tissu d'or de sa robe, aux bandelettes de son diadème. Ses traits étaient d'un charme oppressif qui, d'abord, inspirait plutôt le trouble que l'amour. Pourtant des enfants sans nombre, dans le Habad, languissaient, en silence, de l'avoir vue.

Une lueur d'ambre pâle, épandue en sa chair, avivait les contours de son corps : telles ces transparences dont l'aube, voilée par les cimes hymalaïennes, en pénètre les blancheurs comme intérieurement.

Sous l'horizontale immobilité des longs sourcils, deux clartés bleu sombre, en de languides paupières de Hindoue, deux magnifiques yeux, surchargés de rêves, dispensaient autour d'elle une magie transfiguratrice sur toutes les choses de la terre et du ciel. Ils saturaient d'inconnus enchantements l'étrangeté fatale de ce visage, dont la beauté ne s'oubliait plus.

Et le saillant des tempes altières, l'ovale subtil des joues, les cruelles narines déliées qui frémissaient au vent du péril, la bouche touchée d'une lueur de sang, le menton de spoliatrice taciturne, ce sourire toujours grave où brillaient des dents de panthère, tout cet ensemble, ainsi voilé de lointains sombres, devenait de la plus magnétique séduction lorsqu'on avait subi le rayonnement de ses yeux étoilés.

Une énigme inaccessible était cachée en sa grâce de péri.

Joueuse avec ses guerrières, des soirs, sous la tente ou dans les jardins de ses palais, si l'une d'entre elles, d'une charmante parole, s'émerveillait des infinis désirs qu'élevait, sur ses pas, l'héroïque maîtresse du Habad, Akëdysséril riait, de son rire mystérieux.

Oh! posséder, boire, comme un vin sacré, les barbares et délicieuses mélancolies de cette femme, le son d'or de son rire, — mordre, presser idéalement, sur cette bouche, les rêves de ce cœur, en des baisers partagés! — étreindre, sans parole, les fluides et onduleuses plénitudes de ce corps enchanté, respirer sa dureté suave, s'y perdre — en l'abîme de ses yeux, surtout!... Pensées à briser les sens, d'où se réfléchissait un vertige que ces augustes regards de veuve, aux chastetés désespérées, ne refléteraient pas. Son être, d'où sortait cette certitude désolatrice, inspirait, au fort des assauts et des chocs d'armées, aux jeunes combattants de ses légions, des soifs de blessures reçues là, sous ses prunelles.

Et puis, de tout le calice en fleur de son sein, d'elle entière, s'exhalait une odeur subtile, inespérée! enivrante — et telle... que, — dans l'animation, surtout, des mêlées,

— un charme torturait autour d'elle ! excitant ses défenseurs éperdus au désir sans frein de périr à son ombre... sacrifice qu'elle encourageait, parfois, d'un regard surhumain, si délirant qu'elle semblait s'y donner.

C'étaient, dans la brume radieuse de ses victoires, des souvenirs d'elle seule connus et qui s'évoquaient en ses sommeils.

Telle apparaissait Akëdyssëril, à l'entrée, maintenant, de la citadelle. Un moment elle écouta, peut-être, les paroles de bienvenue et d'amour dont la saluèrent les seigneurs ; puis, sur un signe imperceptible, les chars de ses guerrières, avec le fracas du tonnerre, franchirent les voûtes et s'irradièrent sur la place de Kama. Les clameurs d'allégresse de son peuple l'appelaient : poussant donc son éléphant noir sous le porche de Surate et sur les tapis étendus, la souveraine du Habad entra dans Bénarès.

Soudainement, ses regards tombèrent sur l'avenue

décriée au fond de laquelle s'accusait, dans l'éloignement, l'antique, l'énorme façade écrasée du temple de Sivà.

Tressaillant — d'un souvenir, sans doute — elle arrêta sa monture, jeta un ordre à ses éléphantadors qui déplièrent les gradins de l'haodah sur les flancs de l'animal.

Elle descendit, légèrement. — Et voici que, pareils à des êtres évoqués par son désir, trois phaodjs, en turbans et en tuniques noirs, — délateurs sûrs et rusés — chargés, certes! de quelque mission très secrète pendant son absence, surgirent, comme de terre, devant elle.

On s'écarta, d'après un vœu de ses yeux. Alors, les phaodjs inclinés autour d'elle chuchotèrent, l'un après l'autre, longtemps, longtemps, de très basses paroles que nul ne pouvait entendre, mais dont l'effet sur la reine parut si terrible et grandissant à mesure qu'elle écoutait, que son pâlissant visage s'éclaira, tout à coup, d'un affreux reflet menaçant.

Elle se détourna; puis, d'une voix brusque et qui vibra dans le silence de la place muette :

— Un char! s'écria-t-elle.

Sa favorite la plus proche sauta sur le sol et lui présenta les deux rênes de soie tressée de fils d'airain.

Bondissant à la place quittée :

— Que nul ne me suive! ajouta-t-elle.

Et, de ses yeux fixes, elle considérait l'avenue déserte. Indifférente à la stupeur de son peuple, au frémissement où elle jetait la ville interdite, Akëdysséril, précipitant ses chevaux à feu d'étincelles, renversant les psylles terrifiés, écrasant des serpents sous la lueur des roues, s'enfonça, toute seule, flèche lumineuse, sous les noirs ombrages de Sivà, qui prolongeaient l'horreur de leur solitude jusqu'au temple fatal.

On la vit bientôt décroître, dans l'éloignement, devenir une clarté, — puis, comme une scintillation d'étoile...

Enfin, tous, confusément, l'aperçurent, lorsque, parvenue à l'éclaircie septentrionale, elle arrêta ses chevaux devant les marches basaltiques au delà desquelles, sur la hauteur, s'étendaient les parvis du sanctuaire et ses colonnades profondes.

Retenant, d'une main, le pli de sa robe d'or, elle gravissait, maintenant, là-bas, les marches redoutées.

Arrivée au portail, elle en heurta les battants de bronze du pommeau de son cimeterre, et de trois coups si terribles, que la répercussion, comme une plainte sonore, parvint, affaiblie par la distance, jusqu'à la place de Kama.

Au troisième appel, les mystérieux battants s'ouvrirent sans aucun bruit. Akëdysséril, comme une vision, s'avança dans l'intérieur de l'édifice.

Quand sa personne eut disparu, les hautes mâchoires métalliques, distendues à ses sommations, refermèrent leur bâillement sombre sur elle, poussées par les bras invisibles des saïns, desservants de la demeure du dieu.

La fille de Gwalior, au dédain de tout regard en arrière, s'aventura sous les prolongements des salles funestes que formaient les intervalles des piliers, — et le froid des pierres multipliait la sonorité de ses pas.

Les derniers reflets de la mort du soleil, à travers les

soupiraux — creusés, du seul côté de l'Occident, au plus épais des hautes murailles — éclairaient sa marche solitaire. Ses vibrantes prunelles sondaient le crépuscule de l'enceinte. — Ses brodequins de guerre, sanglants encore de la dernière mêlée (mais ceci ne pouvait déplaire au dieu qu'elle affrontait), sonnaient dans le silence. De rougeoyantes lueurs, tombées obliquement des soupiraux, allongeaient sur les dalles les ombres des dieux. Elle marchait sur ces ombres mouvantes, les effleurant de sa robe d'or.

Au fond, sur les blocs — entassés — de porphyre rouge, surgissait une formidable vision de pierre, couleur de nuit.

Le colosse, assis, s'élargissait en l'écartement de ses jambes, configurant un aspect de Sivà, le primordial ennemi de l'Existence-universelle. Ses proportions étaient telles que le torse seul apparaissait. L'inconcevable visage se perdait, comme dans la pensée, sous la nuit des voûtes. La divine statue croisait ses huit bras sur son sein funèbre, — et ses genoux, s'étendant à travers l'espace, touchaient, des deux côtés, les parois du sanctuaire. Sur l'exhaussement de trois degrés, de vastes pourpres tombaient, suspendues entre des piliers. Elles cachaient une centrale cavité creusée dans le monstrueux socle de Sivà.

Là, derrière les plis impénétrables, s'allongeait, disposée en pente vers les portiques, la Pierre-des-immolations.

Depuis les âges obscurs de l'Inde, à l'approche de tous les minuits, les brahmes sivaïtes, au grondement d'un gong d'appel, débordaient de leurs souterraines retraites, entraînant au sanctuaire un être humain — qui, parfois, était accouru s'offrir de lui-même, transporté du dédain de vivre. Aux circulaires clartés des braises seules de l'autel, car aucune lampe ne brûlait dans la demeure de Sivà, les prêtres étendaient sur la Pierre cette victime nue — que des entraves d'airain retenaient aux quatre membres.

Bientôt, flamboyaient les torches des saïns, illuminant l'entourage recueilli des brahmes. Sur un signe du Grand-Pontife, le Sacrificateur de Sivà, séparant d'un arrêt chacun de ses pas, s'avançait...

puis, se penchant avec lenteur vers la Pierre, d'un seul coup de sa large lame ouvrait silencieusement la poitrine de l'holocauste.

Alors, quittant l'autel, dans l'aveugle dévotion à la divinité destructrice, le Grand-Pontife s'approchait, maudissant les cieux. Et, plongeant ses mains onglées dans cette entaille, qu'il élargissait avec force, en fouillait, d'abord, l'horreur, puis, il en retirait ses bras, les dressait aussi haut que possible, offrant à la Reproduction divine le cœur au hasard arraché, et dont les fibres saignantes glissaient entre ses doigts espacés selon les rites sacerdotaux.

Le grommellement monotone des brahmes, qu'envahissait une extase, râlait autour de lui le vieil hymne de Sivà (la grande Imprécation contre la Lumière) d'eux seuls connu. Au cesser du chant, le Pontife laissait retomber son oblation pantelante sur le feu saint qui en consumait les suprêmes palpitations : et la chaude buée montait ainsi, expiatrice de la vie, le long du ventre apaisé du dieu.

Cette cérémonie, toujours occulte, était si brève,

que les échos du temple ne retentissaient jamais que d'un seul grand cri.

**

Ce soir-là, debout sur le triple degré au delà duquel s'étalait, ainsi long-voilée, la Pierre de sacrificature, se tenait le seul habitant visible des solitudes du temple : — et l'aspect de cet homme était aussi glaçant que l'aspect de son dieu.

La géante nudité de ce vieillard aux reins ceinturés d'un haillon sombre, — et dont l'ossature décharnée, flottante en une peau blanchâtre aux bruissantes rides, semblait lui être devenue étrangère, — se détachait sur l'ensanglantement des lourdes draperies.

L'impassibilité de cette face, au puissant crâne décillé, imberbe et chauve, qu'effleurait en cet instant, sur le fuyant d'une tempe, le feu d'une tache solaire, imposait le vertige. Aux creux de ses orbites, sous leurs arcs dénudés, veillaient deux lueurs fulgurales qui semblaient ne pouvoir distinguer que l'Invisible.

Entre ces yeux, se précipitait un ample bec-d'aigle sur une bouche pareille à quelque vieille blessure devenue blanche faute de sang — et qui clôturait mystiquement la carrure du menton. Une volonté brûlait seule en cette émaciation qui ne pouvait plus être appréciablement changée par la mort, car l'ensemble de ce que l'Homme appelle la Vie, sauf l'animation, semblait détruite en ce spectral ascète.

Ce mort vivant, plusieurs fois séculaire, était le Grand-Pontife de Sivà, le prêtre aux mains affreuses, — l'Anachorète au nom de lui-même oublié — et dont nul mortel n'eût, sans doute, retrouvé les syllabes qu'à travers la nuit, dans les déserts, en écoutant avec attention le cri du tigre.

Or, c'était vers lui que venait, irritée, Akēdyssēril ; c'était bien cet homme dont l'aspect la transportait d'une fureur que trahissaient les houles de son sein, le froncement de ses narines, la palpitation de ses lèvres !

Arrivée, enfin, devant lui, la reine s'arrêta, le considéra pendant un instant sans une parole, puis, — d'une voix qui retentit ferme, jeune, vibrante, dans le terrifiant isolement du démesuré tombeau :

— « Brahmane, je sais que tu t'es affranchi de nos joies, de nos désirs, de nos douleurs et que tes regards sont devenus lourds comme les siècles. Tu marches environné des brumes d'une légende divine. Un pâtre, des marchands khordofans, des chasseurs de lynx et de bœufs sauvages t'ont vu, de nuit, dans les sentiers des montagnes, plongeant ton front dans les immenses clartés de l'orage et, tout illuminé d'éclairs dont la vertu brûlante s'émoussait contre toi, sourd au fracas des cieux, tu réfractais, paisiblement au profond de tes prunelles, la vision du dieu que tu portes. Au mépris des éléments de nos abimes, tu te projetais, en esprit, vers le Nul sacré de ton vieil espoir.

« Comment donc te menacer, figure inaccessible ? Mes bourreaux épuiseraient en vain, sur ta dépouille vivante, leur science ancienne, et mes plus belles vierges, leurs enchantements! Ton insensibilité neutralise ma puissance. Je veux donc me plaindre à ton dieu. »

Elle posa le pied sur la première dalle du sanctuaire, puis, élevant ses regards vers le grand visage d'ombre perdu dans les hautes ténèbres du temple :

— « Sivà ! cria-t-elle, Dieu dont l'invisible vol revêt de terreur jusqu'à la lumière du soleil, — Dieu qui, devant l'Irrévélé, te dressas, improuvant et condamnant ce mensonge des univers... que tu sauras détruire ! — si j'ai senti, jamais, autour de moi, dans les combats, ta présence exterminatrice, tu écouteras, ô Père de la Sagesse fatale, la fille d'un jour qui ose troubler le silence de ta demeure en te dénonçant ton prêtre.

« Ressouviens-toi, — puisque c'est l'attribut des Dieux de s'intéresser si étrangement aux plaintes humaines ! — Peu d'aurores avaient brillé sur mon règne, Sivà, lorsque forcée de franchir, avec mes armées, l'Iaxarte et l'Oxus, je dus entrer, victorieuse, dans les cités en feu de la Sogdiane, — dont le roi réclamait sa fille unique, ma prisonnière Yelka. — Je savais que des peuples du Népâl profiteraient, ici, de cette guerre lointaine, pour proclamer roi du Habad celui... que je ne pouvais me résoudre à faire périr, Sedjnour, enfin, leur prince, le frère, hélas! de Sinjab, mon époux inoublié. — Si j'étais une conquérante, Sedjnour n'était-il pas issu de la race d'Ebbahâr, le plus ancien des rois?

« Je vainquis, en Sogdiane! Et je dus soumettre, à mon retour, les rebelles, — qui m'ont déclarée, depuis, valeureuse et magnanime, en des inscriptions durables.

« Ce fut alors que, pour prévenir de nouvelles séditions et d'autres guerres, le Conseil de mes vizirs d'État, dans Bénarès, statua d'anéantir l'objet même de ces troubles, au nom du salut de tous. Un décret de mort fut donc rendu contre Sedjnour et contre ma captive, sa fiancée, — et l'Inde m'adjura d'en hâter l'exécution pour assurer, enfin, la stabilité de mon trône et de la paix.

« En cette alternative, mon orgueil frémissant refusa de se diminuer en bravant les remords d'un tel crime. Qu'ils fussent mes captifs, je m'accordais avec tristesse — ô dieu des méditations désespérées! — cette inévitable iniquité!... mais qu'ils devinssent mes victimes?...

lâcheté d'un cœur ingrat, dont le seul souvenir eût à jamais flétri toutes les fiertés de mon être — Et puis, ô Dieu des victoires! je ne suis point cruelle, comme les filles des riches parsis, dont l'ennui se plaît à voir mourir; les grandes audacieuses, bien éprouvées aux combats, sont faites de clémence — et, comme l'une de mes sœurs de gloire, Sivà, je fus élevée par des colombes.

« Cependant, l'existence de ces enfants était un constant péril. Il fallait choisir entre leur mort et tout le sang généreux que leur cause, sans doute, ferait verser encore! — Avais-je le droit de les laisser vivre, moi, reine?

« Ah! je résolus, du moins, de les voir, une fois, de mes yeux, — pour juger s'ils étaient dignes de l'anxiété dont se tourmentait mon âme. — Un jour, aux premiers rayons de l'aurore, je revêtis mes vêtements d'autrefois, alors que, dans nos vallées, je gardais les troupeaux de mon père Gwalior. Et je me hasardai, femme inconnue, dans leurs demeures perdues parmi les champs de roses, aux bords opposés du Gange.

« O Sivà! je revins éblouie, le soir!... Et, lorsque je me retrouvai seule, en cette salle du palais de Séür où je devins, où je demeure veuve, une mélancolie de vivre m'accabla : je me sentis plus troublée que je ne l'aurais cru possible!

« O couple pur d'êtres charmants qui s'étonnaient sans me haïr! Leur existence ne palpitait que d'un espoir : leur union d'amour!... libres ou captifs!... fût-ce même dans l'exil!... Cet adolescent royal, aux regards limpides, et dont les traits me rappelaient ceux de Sinjab! Cette enfant chaste et si aimante, si belle!... leurs âmes séparées, mais non désunies, s'appelaient et se savaient l'une à l'autre! N'est-ce donc pas ainsi que notre race conçoit et ressent, depuis les âges, en notre Inde sublime, le sentiment de l'amour? Fidèle, immortellement!

« Eux, un danger, Sivà? — Mais, Sedjnour, élevé par des sages, rendait grâce aux Destinées de se voir allégé du souci des rois! Il me plaignait, en souriant, de m'en être si passionnément fatiguée! Prince insoucieux de gloire, il jugeait frivoles ces lauriers idéals dont le seul éclat me fait pâlir!... S'aimer! Tel était — ainsi que pour son amante Yelka — l'unique royaume! Et, disaient-ils, ils étaient bien assurés que j'allais les réunir vite — puisque je fus aimée et que j'étais fidèle!... »

Akëdysséril, après avoir un instant caché son visage de veuve entre ses mains radieuses, continua :

— « Répondre à ces enfants en leur adressant des bourreaux? Non! Jamais! — Cependant, que résoudre, puisque la mort, seule, peut mettre fin, sans retour, aux persévérances opiniâtres des partisans d'un prince — et que l'Inde me demandait la paix?... Déjà d'autres rébellions menaçaient : il me fallait encore m'armer contre l'Indo-Scythie... — Soudainement, une étrange pensée m'illumina! C'était la veille du jour où j'allais marcher contre les aborigènes des monts arachosiens. Ce fut à toi seul que je songeai, Sivà! Quittant, de nuit, mon palais, j'accourus ici, seule : — rappelle-toi ! divinité morose ! — Et je vins demander secours, devant ton sanctuaire, à ton noir pontife.

« Brahmane, lui dis-je, je sais que, ni mon trône dont la blancheur s'éclaire de tant de pierreries, ni les armées, ni l'admiration des peuples, ni les trésors, ni le pouvoir de ce lotus inviolé — non, rien ne peut égaler en joie les premières délices de l'Amour ni ses voluptueuses tortures. Si l'on pouvait mourir du ravissement nuptial, mon sein ne battrait plus depuis l'heure où, pâle et rayonnante, Sinjab me captiva sous ses baisers, à jamais, comme sous des chaînes !

« Cependant, si, par quelque enchantement, il était possible — que ces enfants condamnés *mourussent d'une joie si vive, si pénétrante, si encore inéprouvée, que cette mort leur semblât plus désirable que la vie ?* Oui, par l'une de ces magies étranges, qui nous dissipent comme des ombres, si tu pouvais augmenter leur amour même, — l'exalter, par quelque vertu de Sivâ ? — d'un embrasement de désirs... peut-être le feu de leurs premiers transports suffirait-il pour consumer les liens de leurs sens en un évanouissement sans réveil! — Ah! si cette mort céleste était réalisable, ne serait-elle pas une conciliatrice, puisqu'ils se la donneraient à eux-mêmes? Seule, elle me semblait digne de leur douceur et de leur beauté.

« Ce fut à ces paroles que cette bouche de nuit, engageant ta promesse divine, me répondit avec tranquillité :

— « Reine, j'accomplirai ton désir. »

« Sur cette assurance de ton prêtre, accès libre lui fut laissé, par mes ordres, des palais de mes captifs. — Consolée, d'avance, par la beauté de mon crime, je me départis en armes, l'aube suivante, vers l'Arachosie, — d'où je reviens, victorieuse encore, Sivà! grâce à ton ombre et à mes guerriers, ce soir.

« Or, tout à l'heure, au franchir des citadelles, j'eus souci de la fatale merveille, sans doute accomplie durant mon éloignement. Déjà songeuse d'offrandes sacrées, je contemplais les dehors de ce temple, lorsque mes phaodjs, apparus, m'ont révélé quelle fut, envers moi, la duplicité de ce très vieux homme-ci. »

La souveraine veuve regarda le fakir : à peine si sa voix décelait, en de légers tremblements, la fureur qu'elle dominait.

— « Démens-moi! continua-t-elle ; dis-nous de quelles délices tu tins à fleurir, pour ces adolescents idéals, la pente de la mort promise? sous les pleurs de quelles extases tu sus voiler leurs yeux ravis? en quels inconnus frémissements d'amour tu fis vibrer leurs sens jusqu'à cet alanguissement mortel où je rêvais que s'éteignissent leurs deux êtres? Non! tais-toi.

« Mes phaodjs, aux écoutes dans les murailles, t'observaient — et j'ai lieu d'estimer leur clairvoyance fidèle... Va, tu peux lever sur moi tes yeux! A qui me jette le regard qui dompte, je renvoie celui qui opprime, n'étant pas de celles qui subissent des enchantements!...

« O prince pur, Sedjnour, ombre ingénue, — et toi, pâle Yelka, si douce, ô vierge! — Enfants, enfants!... le voici, cet homme de tourments qu'il faut, où vous êtes, incriminer devant les divinités sans clémence qui n'ont pas aimé.

« Je veux savoir pourquoi ce fils d'une femme oubliée

me cacha cette haine qu'il portait, sans doute, à quelque souverain de la race dont ils sortirent et quelle vengeance il projetait d'exercer sur cette innocente postérité!... — Car de quel autre mobile s'expliquer ton œuvre, brahmane? à moins que tes féroces instincts natals, ayant, à la longue, affolé ta stérile vieillesse, tu n'aies agi dans l'inconscience... et, devant la perfection de leur double supplice, comment le croire?

« Ainsi, ce ne fut qu'avec des paroles, n'est-ce pas? *rien qu'avec des paroles*, que tu fis subir, à leurs âmes, une mystérieuse agonie, jusqu'à ce qu'enfin cette mort volontaire, où tu les persuadais de se réfugier contre leurs tourments, vint les délivrer... de t'avoir entendu!

« Oui, tout l'ensemble de ce subtil forfait, je le devine, prêtre; — et c'est par dédain, sache-le, que je n'envoie pas, à l'instant même, ta tête sonner et bondir sur ces dalles profanées par ton parjure. »

Akëdyssëril, qui venait de laisser ses yeux étinceler, reprit, avec des accents amers :

« Aussitôt que l'austérité de ton aspect eut séduit la

foi de ces claires âmes, tu commenças cette œuvre maudite. Et ce fut la simplicité de leur mutuelle tendresse que tu pris, d'abord, à tâche de détruire. Au souffle de quelles obscures suggestions desséchas-tu la sève d'amour en ces jeunes tiges, qui, pâlissantes, commencèrent, dès lors, à dépérir pour ta joie, — je vais te le dire !

« Vieillard, il te fallut que chacun d'eux se sentît solitaire ! Eh bien, — selon ce que tu leur laissas entendre, — *chacun d'eux ne devait-il pas survivre à l'oublié, et régner, grâce à mes vœux, en des pays lointains, — aux côtés d'un être royal et plein d'amour aujourd'hui préféré déjà ?...* Comment te fut-il possible de les persuader ? — Mais tu savais en offrir mille preuves !... Isolés, pouvaient-ils, ces enfants, échanger ce seul regard qui eût traversé les nébuleuses fumées de tes vengeances comme un rayon de soleil ? Non ! Non. Tu triomphais — et, tout à l'heure, je t'apprendrai, te dis-je, par quel redoutable artifice ! Et le feu chaste de leurs veines, attisé, sans cesse, par le ravage des jalousies, par la mélancolie de l'abandon, tu sus en irriter les désirs jusqu'à les rendre follement charnels — à cause de cette croyance où tu plongeais leurs cœurs, l'impossibilité de toute possession l'un de l'autre. Entre leurs demeures, chaque jour, passant le Gange, tu te faisais, sur les eaux saintes, une sorte d'effrayant messager de pleurs, d'épouvante, d'illusions mortes et d'adieux.

« Ah! les délations de mes phaodjs sont profondes : elles m'ont éclairé sur certaine détestable puissance dont tu disposes! Ils ont attesté, en un serment, les Dévas des Expiations éternelles, que nulle arme n'est redoutable auprès de l'usage où ton noir génie sait plier la parole des vivants. Sur ta langue, affirment-ils, s'entre-croisent, à ton gré, des éclairs plus fallacieux, plus éblouissants et plus meurtriers que ceux qui jaillissent, dans les combats, des feintes de nos cimeterres. Et, lorsqu'un esprit funeste agite sa torche au fond de tes desseins, cet art, ce pouvoir, plutôt, se résout, d'abord, en... »

La reine, ici, fermant à demi les paupières, sembla suivre, d'une lueur, entre ses cils, dans les vagues ténèbres du temple, un fil invisible, perdu, flottant : et, symbolisant ainsi l'analyse où ses pensées s'aventuraient, elle lissa, de deux de ses doigts fins et pâles, le bout de l'un de ses sourcils, en étendant l'autre main vers le brahme :

... — « en... des suppositions lointaines, motivées subtilement, et suivies d'affreux silences... Puis, — des inflexions, très singulières, de ta voix éveillent... on ne sait quelles angoisses — dont tu épies, sans trêve, l'ombre passant sur les fronts. Alors — mystère de toute raison vaincue ! — d'étranges *consonnances,* oui, presque nulles de signification, — et dont les magiques secrets te sont familiers, — te suffisent pour effleurer nos esprits d'insaisissables, de glaçantes inquiétudes ! de si troubles soupçons qu'une anxiété inconnue oppresse, bientôt, ceux-là mêmes dont la défiance, en éveil, commençait à te regarder fixement. Il est trop tard. Le verbe de tes lèvres revêt, alors, les reflets bleus et froids des glaives, de l'écaille des dragons, des pierreries. Il enlace, fascine, déchire, éblouit, envenime, étouffe... et il a des ailes ! Ses occultes morsures font saigner

l'amour à n'en plus guérir. Tu sais l'art de susciter —
pour les toujours décevoir — les espérances suprêmes!
A peine supposes-tu... que tu convaincs plus que si tu
attestais. Si tu feins de rassurer, ta menaçante sollicitude
fait pâlir. Et, selon tes vouloirs, la mortelle malice qui
anime ta sifflante pensée, jamais ne louange que pour
dissimuler les obliques flèches de tes réserves, qui,
seules, importent! — tu le sais, car tu es comme un
mort méchant. D'un flair louche et froid, tu sais en
proportionner les atteintes à la présence qui t'écoute.
Enfin, toi disparu, tu laisses dans l'esprit que tu te
proposas ainsi de pénétrer d'un venin fluide, le germe
d'une corrosive tristesse, que le temps aggrave, que le
sommeil même alimente — et qui devient bientôt si
lourde, si âcre et si sombre — que vivre perd toute
saveur, que le front se penche, accablé, que l'azur
semble souillé depuis ton regard, que le cœur se serre
à jamais — et que des êtres simples en peuvent mourir.
C'est donc sous l'énergie de ce langage meurtrier
— ton privilège, brahmane! — que tu te complus et
t'acharnas, jour à jour, à froisser — comme entre les

ossements de tes mains — le double calice de ces jeunes âmes candides, ô spectre étouffant deux roses dans la nuit!

« Et lorsque leurs lèvres furent muettes, leurs yeux fixes et sans larmes, leurs sourires bien éteints ; lorsque le poids de leur angoisse dépassa ce que leurs cœurs pouvaient supporter sans cesser de battre, lorsqu'ils eurent, même, cessé de me maudire ainsi que les dieux sacrés, tu sus augmenter en chacun d'eux, tout à coup, cette soif de perdre jusqu'au souvenir de leur être, pour échapper au supplice d'exister sans fidélité, sans croyance et sans espérance, en proie au tourment constant de leurs trop insatiables désirs l'un de l'autre. — Et cette nuit, cette nuit, tu les as laissés se précipiter dans le vaste fleuve, — te disant, peut-être, que tu saurais bien me donner le change de leur mort. »

Il y eut un moment de grand silence dans le temple, à cette parole.

— « Prêtre, reprit encore Akëdysséril, je tenais à mon rêve que tu t'engageas, librement, à réaliser. Tu fus, ici, l'interprète sacrilège de ton dieu, dont tu as compromis l'éternelle intégrité par ta traîtrise, car tout parjure diminue, à la mesure de la promesse trahie, l'être même de qui l'accomplit ou l'inspira. Je veux donc savoir pourquoi tu m'as bravée : pour quel motif ce long attentat n'a point fatigué ta persévérance!... Tu vas me répondre. »

Elle se détourna, comme une longue lueur d'or, vers les profondeurs ensevelies dans l'obscurité. Et sa voix, devenant immédiatement stridente, réveilla, comme de force, en des sursauts bondissants, les échos des immenses salles autour d'elle :

— « Et maintenant, fakirs voilés, spectres errants entre les piliers de cette demeure et qui, cachant vos cruelles mains, apparaissez, par intervalles, — révélés, seulement, par l'ombre rapide que vous projetez sur les murailles, — écoutez la menaçante voix d'une femme qui, — servante, hier encore, de ceux-là qui entendent les symboles et tiennent la parole des dieux, — ce soir vous parle en dominatrice, car ses paroles ne sont point vaines : j'en ai pesé, froidement, l'imprudence — et ce n'est pas à moi de trembler.

« Si, dans l'instant, ce taciturne ascète, votre souverain, se dérobe à ma demande en d'imprécises réponses, — avant une heure, moi, je le jure! Akëdyssëril! — entraînant mes vierges militaires, nous passerons, debout, au front de nos chars vermeils avec des rires, dans la fumée, dispersant l'incendie de nos torches en feu aux profonds des noirs feuillages de votre antique avenue! Ma puissante armée, encore ivre de triomphe, et qui est aux portes de Bénarès, entrera dans la ville sur mon appel. Elle enserrera cet édifice désormais déserté de son dieu! Et cette nuit, toute la nuit, sous les chocs multipliés de mes béliers de bronze, j'en effondrerai les pierres, les portes, les colonnades! Je jure qu'il s'écroulera dans l'aurore et que j'écraserai le monstrueux simulacre vide où veilla, durant des siècles, l'esprit même de Sivà! Mes milices, dont le nombre est terrible, avec leurs lourdes massues d'airain, les auront broyés, pêle-mêle, ces blocs rocheux, avant que le soleil de demain — si demain nous éclaire — ait atteint le haut du ciel! Et le soir, lorsque le vent, venu de mes monts lointains — devant qui les autres de la terre s'humilient — aura dispersé tout ce vaste nuage de vaines poussières à travers les plaines, les vallées et les bois du Habad, je reviendrai, moi! vengeresse! avec mes guerrières, sur mes noirs éléphants, fouler le sol où s'éleva le vieux temple!... Couronnées de frais lotus et de roses, elles et moi, sur ses ruines, nous entre-choquerons nos coupes d'or, en criant aux étoiles, avec des chants de victoire et d'amour, les noms des deux ombres vengées! Et ceci, pendant que mes exécuteurs enverront, l'une après l'autre, du haut des amoncellements qui pourront subsister encore des parvis dévastés, vos têtes et vos âmes rouler en ce Néant-originel que votre espoir imagine!... J'ai dit. »

La reine Akëdysséril, le sein palpitant, la bouche frémissante, abaissant les paupières sur ses grands yeux bleus tout en flammes, se tut.

AKËDYSSÉRIL

*_**

Alors le serviteur de Sivà, tournant vers elle sa blême face de granit, lui répondit d'une voix sans timbre :

— « Jeune reine, devant l'usage que nous faisons de la vie, penses-tu nous faire de la mort une menace? — Tu nous envoyas des trésors — semés, dédaigneusement, par nos saïns, sur les degrés de ce temple — où nul mendiant de l'Inde n'ose venir les ramasser ! Tu parles de détruire cette demeure sainte? Beau loisir, — et digne de tes destinées, — que d'exhorter des soldats sans pensée à pulvériser de vaines pierres ! L'Esprit qui anime et pénètre ces pierres est le seul temple qu'elles représentent : lui révoqué, le temple, en réalité, n'est plus. Tu oublies que c'est lui seul, cet Esprit sacré, qui te revêt, toi-même, de l'autorité dont tes armes ne sont que le prolongement sensible... Et que ce serait à lui seul, toujours, que tu devrais de pouvoir abolir les voiles sous l'accident desquels il s'incorpore ici. Quand donc le sacrilège atteignit-il d'autre dieu... que l'être même de celui qui fut assez infortuné pour en consommer la démence!

« Tu vins à moi, pensant que la Sagesse des Dêvas visite plus spécialement ceux qui, comme nous, par des jeûnes, des sacrifices sanglants et des prières, préservent la clairvoyance de leur propre raison de dépendre des fumées d'un breuvage, d'un aliment, d'une terreur ou d'un désir. J'accueillis tes vœux parce qu'ils étaient beaux et sombres, même en leur féminine frivolité, — m'engageant à les réaliser, — par déférence pour le sang qui te couvre. — Et voici que, dès les premiers pas de ton retour, ton lucide esprit s'en remet à des intelligences de délateurs — que je n'ai même pas daigné voir — pour juger, pour accuser et pour maudire mon œuvre, de préférence à t'adresser simplement à moi, tout d'abord, pour en connaître.

« Tu le vois, ta langue a formé, bien en vain, les sons dont vibrent encore les échos de cet édifice, — et s'il me plut d'entendre jusqu'à la fin tes harmonieux et déjà si oubliés outrages, c'est que, — fût-elle sans base et sans cause, — la colère des jeunes tueuses, dont les yeux sont pleins de gloire, de feux et de rêves, est toujours agréable à Sivà.

« Ainsi, reine Akëdysséril, tu désires — et ne sais ce qui réalise ! Tu regardes un but et ne t'inquiètes point de l'unique moyen de l'atteindre. — Tu demandas s'il était au pouvoir de la Science-sainte d'induire deux êtres en ce passionnel état des sens où telle subite violence de l'Amour détruirait en eux, dans la lueur d'un même instant, les forces de la vie ?... Vraiment, quels autres enchantements qu'une réflexion toute naturelle devais-je mettre en œuvre pour satisfaire à l'imaginaire de ce dessein ? — Écoute : et daigne te souvenir.

« Lorsque tu accordas la fleur de toi-même au jeune époux, lorsque Sinjab te cueillit en des étreintes radieuses, jamais nulle vierge, t'écriais-tu, n'a frémi de plus ardentes délices, et ta stupeur, selon ce que tu m'attestas, était d'avoir survécu à ce grave ravissement.

« C'est que, — rappelle-toi, — déjà favorisée d'un sceptre, l'esprit troublé d'ambitieuses songeries, l'âme disséminée en mille soucis d'avenir, il n'était plus en ton pouvoir de te donner tout entière. Chacune de ces choses retenait, au fond de ta mémoire, un peu de ton être et, ne t'appartenant plus en totalité tu te ressaisissais obscurément et malgré toi — jusqu'en ce conjugal charme de l'embrassement — aux attirances de ces choses étrangères à l'Amour.

« Pourquoi, dès lors, t'étonner, Akëdyssèril, de survivre au péril que tu n'as pas couru ?

« Déjà tu connaissais, aussi, des bords de cette coupe où fermente l'ivresse des cieux, d'avant-coureurs parfums de baisers dont l'idéal avait effleuré tes lèvres, émoussant la divine sensation future. Considère ton veuvage, ô belle veuve d'amour, qui sais si distraitement survivre à ta douleur ! Comment la possession t'aurait-elle tuée, d'un être — dont la perte même te voit vivre ?

« C'est que, jeune femme, ta nuit nuptiale ne fut qu'étoilée. Son étincelante pâleur fut toute pareille à celle de mille bleus crépuscules, réunis au firmament, et se voilant à peine les uns les autres. L'éclair de Kamadéva, le Seigneur de l'amour, ne les traversa que d'une pâleur un peu plus lumineuse, mais fugitive ! Et ce n'est pas en ces douces nuits que les cœurs humains peuvent subir le choc de sa puissante foudre.

« Non !... Ce n'est que dans les nuits désespérées, noires et désolatrices, aux airs inspirateurs de mourir, où nul regret des choses perdues, nul désir des choses rêvées ne palpitent plus dans l'être, hormis l'amour seul ; — c'est seulement en ces sortes de nuits qu'un aussi rouge éclair peut luire, sillonner l'étendue et anéantir ceux qu'il frappe ! C'est en ce vide seul que l'Amour, enfin, peut librement pénétrer les cœurs et les sens et les pensées au point de les dissoudre en lui d'une seule et mortelle commotion ! Car une loi des dieux a voulu que l'intensité d'une joie se mesurât à la grandeur du désespoir subi pour elle : alors seulement cette joie, se saisissant à la fois de toute l'âme, l'incendie, la consume et peut la délivrer !

« C'est pourquoi j'ai accumulé beaucoup de nuit dans l'être de ces deux enfants : je la fis même plus profonde et plus dévastée que n'ont pu le dire les phaodjs!... Maintenant, reine, quant aux enchantements dont disposent les antiques brahmanes, supposes-tu que tes si clairvoyants délateurs connaissent, par exemple, l'intérieur de ces grands rochers du sommet desquels tes jeunes condamnés voulurent, hier au soir, se précipiter dans le Gange ? »

Ici, Akëdysséril, arrachant du fourreau son cimeterre qui continua la lueur de ses yeux, s'écria, ne dominant plus son courroux :

— « Insensé barbare ! Pendant que tu prononces toutes ces vaines sentences qui ont tué mes chères victimes, ah ! le fleuve roule, sous les astres, à travers les roseaux, leurs corps innocents !... Eh bien, le Nirvânah t'appelle. Sois donc anéanti ! »

Son arme décrivit un flamboiement dans l'obscurité. Un instant de plus, et l'ascète, séparé par les reins sous l'atteinte robuste du jeune bras, — n'était plus.

Soudain, elle rejeta son arme loin d'elle, et le bruit retentissant de cette chute fit tressaillir encore les ombres du temple.

C'est que — sans même relever les paupières sur l'accusatrice — le pontife sombre avait murmuré, sans dédain, sans terreur et sans orgueil, ce seul mot :
— « Regarde. »

**

A cette parole s'étaient écartés les pans du grand voile de l'autel de Sivà, laissant apercevoir l'intérieur de la caverne que surplombait le dieu.

Deux ascètes, les paupières abaissées selon les rites sacerdotaux, soutenaient, aux extrémités latérales du sanctuaire, les vastes plis sanglants.

Au fond de ce lieu d'horreur, les trépieds étaient allumés comme à l'heure d'un sacrifice. L'Esprit de Sivà s'opposant, dans les symboles, à la libre élévation de leurs flammes, ces grandes flammes, renversées par les courbures de hautes plaques d'or, réverbéraient d'inquiétantes clartés sur la Pierre des victimes. Au chevet de cette Pierre se tenaient, immobiles et les yeux baissés, deux saïns, la torche haute.

Et là, sur ce lit de marbre noir, apparaissaient étendus, pâles d'une pâleur de ciel, deux jeunes êtres charmants. Les plis de neige de leurs transparentes tuniques nuptiales décelaient les lignes sacrées de leurs corps ; la lumière de leur sourire annonçait en eux le lever d'une aube éclose dans les invisibles et vermeils espaces de l'âme ; et cette aurore secrète transfigurait, en une extase éternelle, leur immobilité.

Certes, quelque transport d'une félicité divine, passant les forces de sensation que les dieux ont mesurées aux humains — avait dû les délivrer de vivre, car l'éclair de la Mort en avait figé l'expressif reflet sur leurs visages ! Oui, tous deux portaient l'empreinte de l'idéale joie dont la soudaineté les avait foudroyés.

Et là, sur cette couche où les brahmes de Sivà les avaient posés, ils gardaient l'attitude, encore, où la Mort — que, sûrement, ils n'avaient point remarquée — était venue les surprendre effleurant leurs êtres de son ombre. Ils s'étaient évanouis, perdus en elle, insolitement, laissant la dualité de leurs essences en fusion s'abîmer en cet unique instant d'un amour — que nul autre couple vivant n'aura connu jamais.

Et ces deux mystiques statues incarnaient ainsi le rêve d'une volupté seulement accessible à des cœurs immortels.

La juvénile beauté de Sedjnour, en sa blancheur rayonnante, semblait défier les ténèbres. Il tenait, ployée entre ses bras, l'être de son être, l'âme de son désir ; — et celle-ci, dont la blanche tête était renversée sur le mouvement d'un bras jeté à l'entour du cou de son bien-aimé, paraissait endormie en un éperdu ravissement. L'auguste main de Yelka retombait sur le front de Sedjnour : ses beaux cheveux, brunissants, déroulaient sur elle et sur lui leurs noires ondes, et ses lèvres, entr'ouvertes vers les siennes, lui offraient, en un premier baiser, la candeur de son dernier soupir. — Elle avait voulu, sans doute, attirer dans un doux effort, la bouche de son amant vers la fleur de ses lèvres, lui faisant ainsi subir, en même temps, le subtil et cher parfum de son sein virginal qu'elle pressait encore contre cette poitrine adorée !... Et c'était au moment même où toutes les défaillances, où tous les adieux, toutes les tortures d'âme s'effaçaient à peine sous le mutuel transport de leur soudaine union!

Oui, la résurrection, trop subitement délicieuse, de tant d'inespérées et pures ivresses, le contre-coup de cette effusion enchantée, l'intime choc de ce fulgurant baiser, que tous deux croyaient à jamais irréalisable, les avaient emportés, d'un seul coup d'aile, hors de cette vie dans le ciel de leur propre songe. Et, certes, le supplice eût été, pour eux, de survivre à cet instant non pareil!

Akëdysséril considérait, en silence, l'œuvre merveilleuse du Grand-prêtre de Sivà.

— « Penses-tu que si les Dêvas te conféraient le pouvoir de les éveiller, ces délivrés daigneraient accepter encore la Vie? dit l'impénétrable fakir d'un accent dont l'ironie austère triomphait : — vois, reine, te voici leur envieuse! »

Elle ne répondit pas : une émotion sublime voilait ses yeux. Elle admirait, se joignant les mains sur une épaule, l'accomplissement de son rêve inouï.

Soudainement, un immense murmure, la rugissante houle d'une multitude, et de longs bruissements d'armes, troublant sa contemplation, se firent entendre de l'extérieur du temple — dont les portails roulèrent, lourdement, sur les dalles intérieures.

Sur le seuil, n'osant entrer en apercevant la reine de Bénarès éclairée encore, au fond du temple, par les flammes du sanctuaire et qui s'était détournée, — les trois vizirs, inclinés, la regardaient, leurs armes en main, l'air meurtrier.

Derrière eux, les guerrières montraient leurs jeunes têtes d'Apsarâs menaçantes, aux yeux allumés par une inquiétude de ce qu'était devenue leur maîtresse : elles se contenaient à peine d'envahir la demeure du dieu.

Autour d'elles, au loin, l'armée, dans la nuit.

Alors, tout ce rappel de la vie, et la mélancolie de sa puissance, et le devoir d'oublier la beauté des rêves! et jusqu'aux adieux de l'amour perdu, — tout l'esclavage, enfin, de la Gloire, gonfla, d'un profond soupir, le sein d'Akëdysséril : et les deux premières larmes, les dernières aussi! de sa vie, brillèrent, en gouttes de rosée, sur les lis de ses joues divines.

Mais — bientôt — ce fut comme si un dieu eût passé! — Redressant sa haute taille sur la marche suprême de l'autel :

— « Vice-rois, vizirs et sowaris du Habad, cria-t-elle de cette voix connue dans les mêlées et que répercutèrent toutes les colonnades du sombre édifice — vous avez décidé la mort d'un prince, héritier du trône de Séür, depuis la mort de Sinjab, mon époux royal : vous avez condamné à périr Sedjnour et, aussi, sa fiancée Yelka, princesse de cette riche région, soumise, enfin, par nos armes! — Les voici!

« Récitez la prière pour les ombres généreuses, qui, dans l'abime de l'Esprit, s'efforcent vers le Çwargâ divin! — Chantez, pour elles, guerrières, et vous, ô chers guerriers! l'hymne du Yadjnour-Vêda, la parole du Bonheur! Que l'Inde, sous mon règne, hélas! enfin à ce prix pacifiée, refleurisse, à l'image de son lotus, l'éternelle Fleur!... Mais qu'aussi les cœurs se serrent de ceux dont l'âme est grave : car une grandeur de l'Asie s'est évanouie sur cette pierre!... La sublime race d'Ebbahâr est éteinte. »

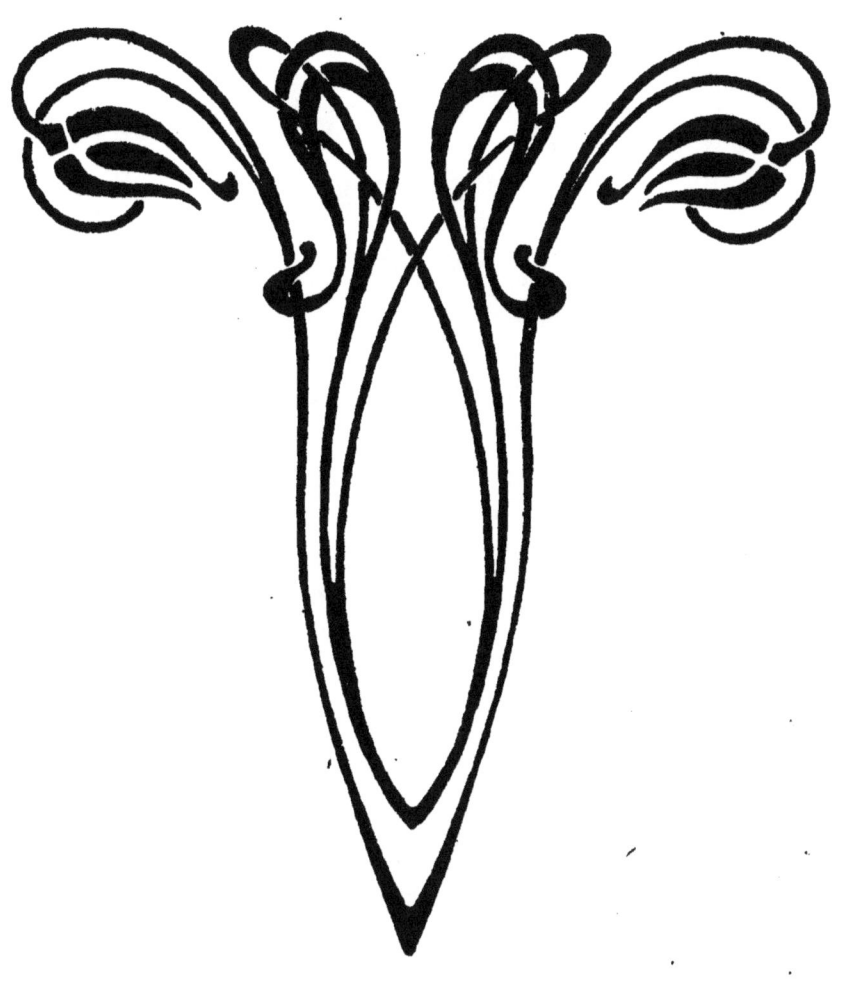

Amour suprême

> Les cœurs chastes diffèrent des Anges en félicité, mais pas en honneur.
>
> St-Bernard.

Ainsi l'humanité, subissant, à travers les âges, l'enchantement du mystérieux Amour, palpite à son seul nom sacré.

Toujours elle en divinisa l'immuable essence, transparue sous le voile de la vie, — car les espoirs inapaisés ou déçus que laissent au cœur humain les fugitives illusions de l'amour terrestre, lui font toujours pressentir que nul ne peut posséder son réel idéal sinon dans la lumière créatrice d'où il émane.

Et c'est pourquoi bien des amants — oh! les prédestinés! — ont su, dès ici-bas, au dédain de leurs sens mortels, sacrifier les baisers, renoncer aux étreintes et, les yeux perdus en une lointaine extase nuptiale, projeter, ensemble, la dualité même de leur être dans les mystiques flammes du Ciel. A ces cœurs élus, tout trempés de foi, la Mort n'inspire que des battements d'espérance ; en eux, une sorte d'Amour-phénix a consumé la poussière de ses ailes pour ne renaître qu'immortel : ils n'ont accepté de la terre que l'effort seul qu'elle nécessite pour s'en détacher.

Si donc il est vrai qu'un tel amour ne puisse être exprimé que par qui l'éprouve, et puisque l'aveu, l'analyse ou l'exemple n'en sauraient être qu'auxiliateurs et salubres, celui-là même qui écrit ces lignes, favorisé qu'il fut de ce sentiment d'en haut, n'en doit-il pas la fraternelle confidence à tous ceux qui portent, dans l'âme, un exil ?

En vérité, ma conscience ne pouvant se défendre de le croire, voici, en toute simplicité, par quels chaînons de circonstances, de futiles hasards mondains, cette sublime aventure m'arriva.

Ce fut grâce à la parfaite courtoisie de M. le duc de Marmier que je me trouvai, par ce beau soir de printemps de l'année 1868, à cette fête donnée à l'hôtel des Affaires étrangères.

Le duc était allié à la maison de M. le marquis de Moustiers, alors aux Affaires. Or, la surveille, à table, chez l'un de nos amis, j'avais manifesté le désir de contempler, par occasion, le monde impérial, et M. de Marmier avait poussé l'urbanité jusqu'à me venir prendre chez moi, rue Royale, pour me conduire à cette fête, où nous entrâmes sur les dix heures et demie.

Après les présentations d'usage, je quittai mon aimable introducteur et m'orientai.

Le coup d'œil du bal était éclatant ; les cristaux des lustres lourds flambaient sur des fronts et des sourires officiels ; les toilettes fastueuses jetaient des parfums ; de la neige vivante palpitait aux bords tout en fleur des corsages ; le satiné des épaules, que des diamants mouillaient de lueurs, miroitait.

Dans le salon principal, où se formaient des quadrilles, des habits noirs, sommés de visages célèbres, montraient à demi, sous un parement, l'éclair d'une plaque aux rayons d'or neuf. Des jeunes filles, assises, en toilette de mousseline aux traînes enguirlandées, attendaient, le carnet au bout des gants, l'instant d'une contredanse. Ici, des attachés d'ambassade, aux boutonnières surchargées d'ordres en pierreries, passaient ; là, des officiers généraux, cravatés de moire rouge et la croix de commandeur en sautoir, complimentaient à voix basse d'aristocratiques beautés de la cour. Le triomphe se lisait dans les yeux de ces élus de l'inconstante Fortune.

Dans les salons voisins devisaient des groupes diplomatiques, parmi lesquels on distinguait un camail de pourpre. Des étrangères marchaient, attentives, l'éventail aux lèvres, aux bras de « conseillers » de chancelleries ; ici, les regards glissaient avec le froid de la pierre. Un vague souci semblait d'ordonnance sur tous les fronts. — En résumé, la fête me paraissait un bal de fantômes, et je m'imaginais que, d'un moment à l'autre, l'invisible montreur de ces ombres magiques allait s'écrier fantastiquement dans la coulisse, le sacramentel : « Disparaissez ! »

Avec l'indolence ennuyée qu'impose l'étiquette, je traversai donc cette pièce encore et parvins en un petit salon à peu près désert, dont j'entrevoyais à peine les hôtes. Le balcon d'une vaste croisée grand'ouverte invitait mon désir de solitude ; je vins m'y accouder. Et, là, je laissai mes regards errer au dehors sur tout ce pan du Paris nocturne qui, de l'Arc-de-l'Etoile à Notre-Dame, se déroulait à la vue.

Ah ! l'étincelante nuit ! De toutes parts, jusqu'à l'horizon, des myriades de lueurs fixes ou mouvantes peuplaient l'espace. Au delà des quais et des ponts sillonnés de lueurs d'équipages, les lourds feuillages des Tuileries, en face de la croisée, remuaient, vertes clartés, aux souffles du Sud. Au ciel, mille feux brûlaient dans le bleu-noir de l'étendue. Tout en bas, les astrals reflets frissonnaient dans l'eau sombre : la Seine fluait, sous ses arches, avec des lenteurs de lagune. Les plus proches papillons de gaz, à travers les feuilles claires des arbustes, en paraissaient les fleurs d'or. Une rumeur, dans l'immensité, s'enflait ou diminuait, respiration de l'étrange capitale : cette houle se mêlait à cette illumination.

Et des mesures de valses s'envolaient, du brillant des violons, dans la nuit.

Au brusque souvenir du roi dans l'exil, il me vint des pensers de deuil, une tristesse de vivre et le regret de me trouver, moi aussi, le passant de cette fête. Déjà mon esprit se perdait en cette songerie, lorsque de subits et délicieux effluves de lilas blancs, tout auprès de moi, me firent détourner à demi vers la féminine présence que, sans doute, ils décelaient.

Dans l'embrasure, à ma droite, une jeune femme appuyait son coude ganté à la draperie de velours grenat ployée sur la balustrade.

En vérité, son seul aspect, l'impression qui sortait de toute sa personne, me troublèrent, à l'instant même, au point que j'oubliai toutes les éblouissantes visions environnantes ! Où donc avais-je vu, déjà, ce visage ?

Oh ! comment se pouvait-il qu'une physionomie d'un charme si élevé, respirant une si chaste dignité de cœur, comment se pouvait-il que cette sorte de Béatrix aux regards pénétrés seulement du mystique espoir — c'était lisible en elle — se trouvât égarée en cette mondaine fête ?

Au plus profond de ma surprise, il me sembla, tout à coup, reconnaitre cette jeune femme ; oui, des souvenirs, anciens déjà, pareils à des adieux, s'évoquaient autour d'elle ! Et, confusément, au loin, je revoyais des soirées d'un automne, passées ensemble, jadis, en un vieux château perdu de la Bretagne, où la belle douairière de Locmaria réunissait, à de certains anniversaires, quelques amis familiers.

Peu à peu, les syllabes, pâlies par la brume des années, d'un nom oublié, me revinrent à l'esprit :

— Mademoiselle d'Aubelleyne ! me dis-je.

Au temps dont j'avais mémoire, Lysiane d'Aubelleyne était encore une enfant : je n'étais, moi, qu'un assez ombrageux adolescent et, sous les séculaires avenues de Locmaria, notre commune sauvagerie, au retour des promenades, nous avait ménagé, plusieurs fois, des rencontres de hasard à l'heure du lever des étoiles. Et — je me rappelais ! — la gravité, si étrange à pareils âges, de nos causeries, la spiritualité de leurs sujets préférés, nous avaient révélé l'un à l'autre mille affinités d'âme, telles que souvent entre nous, de longs silences, extra-mortels peut-être ! avaient passé.

A cette époque, depuis déjà deux années, elle n'avait plus de mère. Le baron d'Aubelleyne, aussitôt l'atteinte de ce grand deuil, ayant envoyé sa démission de commandant de vaisseau, s'était retiré tristement, avec ses deux filles, en son patrimonial domaine, et ce n'était plus qu'à de rares occasions que l'on se produisait dans le monde des alentours.

Cette réclusion n'offrait rien qui dût affliger une jeune fille « née avec le mal du ciel », selon l'expression du pays. Le vœu de « rester demoiselle », que l'on savait être son secret, se lisait en ses yeux aux lueurs de violettes après un orage. En enfant sainte, elle se plaisait, au contraire, dans l'isolement où sa radieuse primevère se fanait auprès d'un vieillard dont elle allégeait les dernières mélancolies. C'était volontiers qu'elle s'accoutumait à vivre ainsi, élevant sa jeune sœur, s'occupant humblement du château, de ses chers indigents, des religieuses de la contrée, dédaigneuse d'un autre avenir.

Dispensatrice, déjà, d'œuvres bénies, elle se réalisait en cette existence d'aumônes, de travail et de cantiques, où la virginité de son être, à travers le pur encens de toutes ses pensées, veillait, comme une lampe d'or brûle dans un sanctuaire.

Or, ne nous étant jamais revus depuis les heures de ces vagues rencontres en ce château breton, voici que je la retrouvais, soudainement, ici, à Paris, devant moi, sur cet officiel balcon nocturne — et que son apparition sortait de cette fête !

Oui, c'était bien elle ! Et, maintenant comme autrefois, la douceur des êtres qui tiennent déjà de leur ange caractérisait sa pensive beauté. Elle devait être de vingt-trois à vingt-quatre ans. Une pâleur natale, inondant l'ovale exquis du visage, s'alliait, éclairée par deux rayonnants yeux bleus, à ses noirs bandeaux lustrés, ornés de lilas blancs qui s'épanouissaient avant d'y mourir.

Sa toilette, d'une distinction mystérieuse, et qui lui seyait par cela même, était de soie lamée, d'un noir éteint, brodée d'un fin semis de jais qu'une claire gaze violette voilait de sa sinueuse écharpe.

Une frêle guirlande de lilas blancs ondulait, sur son svelte corsage, de la ceinture à l'épaule : la tiédeur de son être avivait les délicats parfums de cette parure. Son autre main, pendante sur sa robe, tenait un éventail blanc refermé : le très mince fil d'or, qui faisait collier, supportait une petite croix de perles.

Et — comme autrefois ! — je sentais que c'était *seulement* la transparence de son âme qui me séduisait en cette jeune femme ! — Et que toute passionnelle pensée, à sa vue, me serait toujours d'un mille fois moins attrayant idéal que le simple et fraternel partage de sa tristesse et de sa foi.

Je la considérai quelques instants avec une admiration aussi naïve qu'étonnée de sa présence en un milieu si loin d'elle !... Elle parut le comprendre, et aussi me reconnaître, d'un sourire empreint de clémence et de candeur. En effet, les êtres qui se sentent dignes d'inspirer la noblesse d'un pareil sentiment, l'acceptent avec une délicatesse infinie. Leur auguste humilité l'accueille comme un tribut tout simple, très naturel et dont tout l'honneur revient à Dieu.

Je fis un pas pour me rapprocher d'elle.

— Mademoiselle d'Aubelleyne, lui dis-je, n'a donc pas totalement oublié, depuis des années, le passant morose qu'elle a rencontré dans le manoir de Loemaria ?

— Je me souviens, en effet, monsieur.

— Vous étiez alors une très jeune fille, plus songeuse que triste, plus douce que joyeuse, dont le sourire n'était jamais qu'une lueur rapide ; et cependant, sous les pures transparences de vos regards d'enfant, oserais-je vous dire que j'avais déjà presque deviné la femme future, toute voilée de mélancolie, qui m'apparaît ce soir?

— Bien que vieillie, il me plaît que vous ne me trouviez pas *autrement* changée.

— Aussi, tout en vous voyant mêlée à cette fête, j'ai le pressentiment que vous en êtes absente — et que je suis pour vous plus étranger que si jamais vous ne m'eussiez connu. — Vraiment, on dirait que, déjà, vous avez... souffert de la vie?

Elle cessa d'être distraite, me regarda, comme pour se rendre compte de la portée que je voulais donner à mes paroles, et me répondit:

— Non, monsieur, — du moins comme on pourrait l'entendre. Je ne suis point une désenchantée, et si je n'ai réclamé, si je ne désire aucune joie de la vie, je comprends que d'autres puissent la trouver belle. Ce soir, par exemple, ne fait-il pas une admirable nuit? Et, d'ici, quelles musiques douces! Tout à l'heure, dans le salon du bal, j'ai vu deux fiancés: ils se tenaient par la main, pâles de bonheur ; ils s'épouseront ! Ah ! ce doit être une joie d'être mère ! Et de vivre aimée, en berçant un doux enfant au sourire de lumière...

Elle eut comme un soupir et je la vis fermer les yeux.

— Oh ! le parfum de ces lilas me fait mal, dit-elle.

Elle se tut, presque émue.

J'étais sur le point de lui demander quel vague regret cachait cette émotion, lorsque, comme un informe oiseau fait de vent, d'échos sonores et de ténèbres, minuit, s'envolant tout à coup de Notre-Dame, tomba lourdement à travers l'espace et, d'église en église, heurtant les vieilles tours de ses ailes aveugles, s'enfonça dans l'abîme, vibra, puis disparut.

Bien que l'heure eût cessé de sonner, mademoiselle d'Aubelleyne, accoudée et attentive, paraissait écouter encore je ne sais quels sons perdus dans l'éloignement et qui, pour elle, continuaient sans doute *ce* minuit, car de très légers mouvements de sa tête semblaient suivre un tintement que je n'entendais plus.

— On dirait que vos pensées accompagnent, jusqu'au plus lointain de l'ombre, ces heures qui s'enfuient !

— Ah ! murmura-t-elle en mêlant les lueurs de ses yeux au rayonnement des étoiles, c'est *qu'aujourd'hui fut mon dernier jour d'épreuve,* et que cette heure qui sonne n'est pour moi qu'un bruit de chaînes qui se brisent, emportant loin d'ici toute mon âme délivrée !... non seulement loin de cette fête, mais hors de ce monde sensible, où nous ne sommes, nous-mêmes, que des apparences et dont je vais enfin me détacher à jamais.

A ces mots, je regardai ma voisine d'isolement avec une sorte d'inquiète fixité.

— Certes, répondis-je, en vous écoutant, je reconnais l'âme de l'enfant d'autrefois ! Mais, ce qui m'interdit un peu, c'est ce natal et si profond désir de détachement qui persiste en vous alors que la pleine éclosion de votre jeunesse et le charme mystérieux de votre beauté vous donnent des droits à toutes les joies de ce monde !

— Oh ! dit-elle d'une voix qui me parut comme le son d'une source solitaire cachée dans une forêt, quelle est la joie, selon le monde, qui ne s'épuise — et ne se noie, par conséquent, elle-même — dans sa propre satiété ? Est-ce donc méconnaître le bienfait de la vie que de n'en point vouloir éprouver les dégoûts ? — Que sont des plaisirs qui ne se réalisent jamais, sinon mêlés d'un essentiel remords ?... Et quel plus grand bonheur que de vivre son existence avec une âme forte, pure, indéçue — et s'étant soustraite aux atteintes même de toutes mortelles concupiscences pour ne point déchoir de son idéal ?

— Il est aisé de se dire forte en se dérobant à l'épreuve de tous combats.

— Je ne suis qu'une créature humaine, faite de chair et de faiblesses, péchant, quand même, toujours ; pourquoi voudrais-je d'autres luttes que celles-là dont je suis sûre de sortir victorieuse ?

— Alors, lui demandai-je avec un affectueux étonnement, comment se fait-il que vous soyez venue ici ce soir !

Un inexprimable sourire, fait de dédain terrestre et d'extase sacrée, illumina la pâleur de ses traits :

— J'ai dû subir, dans ma docilité, l'ancienne coutume du Carmel qui prescrit à l'humble fiancée de la Croix d'affronter les tentations du monde avant de prononcer ses vœux. Je suis ici par obéissance.

En ce moment même, d'harmonieuses mélodies du bal nous parvinrent, plus distinctes; une tenture de salon venait d'être écartée, laissant entrevoir un resplendissement de femmes souriantes, dans les valses, sous les lumières. Envisageant donc celle dont l'austère pensée dominait ainsi ces visions, je lui répondis avec une émotion dont tremblait un peu ma voix :

— En vérité, mademoiselle, on se sent à jamais attristé par la rigueur de votre renoncement ! — Pourquoi cette hâte du sacrifice? La vie parût-elle sans joies, celles qu'on peut dispenser ne lui donnent-elles pas un prix? Il est beau de ne pas craindre les amertumes, de se prêter aux illusions, d'accepter les tâches que d'autres subissent pour nous, d'aimer, de palpiter, de souffrir et de savoir, enfin, vieillir! — Alors, n'ayant plus à remplir aucun devoir, si votre âme, lassée des froissements humains, aspirait au repos, je comprendrais votre retraite du monde, qui maintenant me semble, je l'avoue, une sorte de désertion.

Elle se détachait comme un lys sur les ténèbres étoilées qui semblaient le milieu complémentaire de sa personne, et ce fut avec une voix d'élue qu'elle me répondit :

— Différer, dites-vous?... Non. Celles-là ne sauraient avoir droit qu'au mirage du ciel, qui pourraient calculer leur holocauste de façon à n'offrir à Dieu que le rebut de leur corps et la cendre de leur âme. La puissance de sa foi fait à chacun la splendeur de son paradis, et, croyez-nous, ce n'est que dans l'effort souverain pour échapper aux attaches rompues qu'on puise la surhumaine faculté d'élancement vers la Lumière divine. — Pourquoi, d'ailleurs, hésiter? Le moment de n'être plus suit de près, à tel point, celui d'avoir été, que la vie ne s'affirme, en vérité, que dans la conception de son néant. Dès lors, comment, même, appeler « sacrifice » (après tout!) l'abandon terrestre de cette heure dont le bon emploi peut sanctifier, seul, notre immortalité?

Ici, la sombre inspirée se détourna vers le salon du bal que l'on entrevoyait encore; sa main touchait le velours pourpre jeté sur la balustrade; ses doigts s'appuyèrent par hasard sur la couronne de l'impérial écusson qui brillait au dehors en repoussé d'or bruni.

— Voyez, continua-t-elle; certes, ils sont beaux et séduisants les sourires, les regards de ces vivantes qui tourbillonnent sous ces lustres! — Ils sont jeunes, ces fronts, et fraîches sont ces lèvres! Pourtant, que le souffle d'une circonstance funeste passe sur ces flambeaux et brusquement les éteigne! Toutes ces irradiations s'évanouissant dans l'ombre cesseront, *momentanément*, de charmer nos yeux. Or, sinon demain même, un jour prochain, sans rémission, le vent de la Nuit, qui déjà nous frôle, perpétuera cet effacement. Dès lors, qu'importent ces formes passagères qui n'ont de réel que leur illusion? Que sert de se projeter sous toute clarté qui doit s'éteindre? Pour moi, c'est vivre ainsi qui serait déserter. Mon premier devoir est de suivre la Voix qui m'appelle. Et je ne veux désormais baigner mes yeux que dans cette lumière intérieure dont l'humble Dieu crucifié daigne, par sa grâce! embraser mon âme. C'est à lui que j'ai hâte de me donner dans toute la fleur de ma beauté périssable! — Et mon unique tristesse est de n'avoir à lui sacrifier que cela.

Pénétré, malgré moi, par la ferveur de son extase, je demeurai silencieux, ne voulant troubler d'aucune parole le secret infini de son recueillement. Peu à peu, cependant, son visage reprit sa tranquillité; elle se détourna, presque souriante, vers le vieil amiral de L...-M... qui s'avançait; elle lui tendit la main et s'inclina comme pour s'en aller.

— Déjà vous partez! murmurai-je. Je ne vous verrai donc plus?

— Non, monsieur, dit-elle doucement.

— Pas même une dernière fois?

Elle sembla réfléchir une seconde et répondit :

— Une dernière fois... Je veux bien.

— Quand ?

— Demain, à midi, si vous venez à la chapelle du Carmel.

Lorsque mademoiselle d'Aubelleyne eut disparu du salon, comme j'étais encore sous le saisissement de cette rencontre et de cet entretien, j'essayai, pour en dissiper l'impression, de me mêler à l'étincelante fluctuation de cette foule.

Mais, au premier coup d'œil, je sentis qu'une ombre était tombée sur toutes ces lumières ! Et qu'il ne resterait tout à l'heure de cette fête que des salles désertes, où glisseraient, comme des ombres, des valets livides sous des lustres éteints.

Le lendemain matin, je sortis bien avant l'heure indiquée. La matinée, tout ensoleillée d'or, était de ce froid printanier dont frissonnent les rosiers rajeunis,

Avril riait dans les airs, invitant à vivre encore, et, — sur les boulevards — les arbres, les vitres, poudrés de grésil comme d'une mousse de diamants, scintillaient dans une vapeur irisée. L'esprit ému d'un indéfinissable espoir, j'avisai la première voiture advenue.

Environ trois quarts d'heures après, je me trouvai devant le portail d'un ancien prieuré, Notre-Dame-des-Champs ; — je montai les degrés de la chapelle et j'entrai.

L'orgue accompagnait des voix d'une douceur si pure que leurs accents ne semblaient plus tenir de la terre. Un hémicycle, au grillage impénétrable, formait les parois antérieures du sanctuaire. Là, chantaient, invisibles, les continuatrices de Thérèse d'Avila. C'était l'office des trépassés ; un prêtre, revêtu de l'étole noire, disait la messe des morts. En face de l'autel, s'élevait, au milieu des fumées de l'encens, une chapelle ardente.

Sans doute on célébrait le service d'une religieuse de la communauté, car un drap blanc recouvrait la châsse posée très bas au-dessus des dalles, — et s'étalait jusqu'à terre en plis où se jouait, à travers les vitraux couleur d'opale, la lumière du soleil.

Les mille lueurs des cierges, flammes de la forme des pleurs, éclairaient les autres pleurs d'or du drap funéraire, — et ces feux semblaient tristement dire à la clarté du jour : « Toi aussi, tu t'éteindras ! »

Dans la nef, l'assistance, du plus haut aspect mondain, priait, recueillie; le luxe et l'air des toilettes, ces senteurs de fourrures, l'éclat des velours bleus et noirs, mêlaient à ces funérailles une sorte d'impression nuptiale.

Je cherchai du regard, dans la foule, mademoiselle d'Aubelleyne. Ne l'apercevant pas, je m'avançai, préoccupé, entre la double ligne des chaises, jusqu'au pilier latéral à gauche de l'abside.

L'offertoire venait de sonner. La grille claustrale s'était entr'ouverte; l'abbesse, appuyée sur une crosse blanche, se tenait debout, au seuil, l'étincelante croix d'argent sur la poitrine. Des sœurs de l'Observation-ordinaire, en manteaux blancs, en voiles noirs et les pieds nus s'avancèrent, et découvrirent la châsse *dont les quatre planches apparurent vides et béantes.*

Avant que je me fusse rendu compte de ce que cela signifiait, le glas, cette négation de l'Heure, commença de tinter, et le vieil officiant, se tournant vers les fidèles, prononça la demande sacrée : « Si quelque victime voulait s'unir au Dieu dont il allait offrir l'éternel sacrifice ?... »

A cette parole, il se fit entendre comme un frémissement dans l'assistance et tous les regards se portèrent vers une pénitente vêtue de blanc et voilée. Je la vis quitter sa place et s'avancer au milieu d'une rumeur de tristesse, de pleurs et d'adieux. Sans relever les yeux, elle s'approcha de l'enceinte, en poussa doucement la barrière, entra dans le chœur, ôta son voile, fléchit le genou, calme, au milieu des cierges qui, autour de son auguste visage, formaient, à présent, comme un cercle d'étoiles, — et, posant sa main virginale sur le cercueil, répondit : « Me voici! »

Je comprenais, maintenant. C'était donc là le rendez-vous sombre que m'avait donné cette jeune fille! Je me rappelai, dans un éclair, le terrible cérémonial dont la prise du voile est entourée pour les Carmélites de l'Observance-étroite. Les symboles de ce rituel se succédaient, pareils à des appels précipités de la pierre sépulcrale.

Et voici qu'au milieu du plus profond silence, j'entendis tout à coup s'élever sa douce voix, chantant *la formule des vœux de sa consécration...*

Ah! Je n'ai pas à définir, ici, le mystérieux secret dont défaillait mon âme!

Soudain, l'une de ses nouvelles compagnes l'ayant revêtue, lentement, du linceul et du voile, puis déchaussée à jamais, reçut de l'abbesse les ciseaux sinistres sous lesquels allait tomber la chevelure de la pâle bienheureuse.

A ce moment, Lysiane d'Aubelleyne se détourna vers l'assemblée. Et ses yeux, ayant rencontré les miens, s'arrêtèrent, paisibles, longtemps, fixement, avec une solennité si grave, que mon âme accueillit la commotion de ce regard comme un rendez-vous éternel promis par cette âme de lumière.

Je fermai les paupières, y retenant des pleurs qui eussent été sacrilèges.

Quand je repris conscience des choses, l'église était déserte, le jour baissait, le rideau claustral était tiré derrière les grilles. Toute vision avait disparu.

Mais le sublime adieu de cette grande ensevelie avait consumé désormais l'orgueil charnel de mes pensées. Et, depuis, grandi par le souvenir de cette Béatrice, je sens toujours, au fond de mes prunelles, ce mystique regard, pareil sans doute à celui qui, tout chargé de l'exil d'ici-bas, remplit à jamais de l'ardeur nostalgique du Ciel les yeux de Dante Alighieri.

Le droit du passé

Le 21 janvier 1871, réduit par l'hiver, par la faim, par le refoulement des sorties aveugles, Paris, à l'aspect des positions inexpugnables d'où l'ennemi, presque impunément, le foudroyait, éleva enfin, d'un bras fiévreux et sanglant, le pavillon désespéré qui fait signe aux canons de se taire.

Sur une hauteur lointaine, le chancelier de la Confédération germanique observait la capitale; en apercevant tout à coup ce drapeau, dans la brume glaciale et la fumée, il repoussa, brutalement, l'un dans l'autre, les tubes de sa lunette d'approche, en disant au prince de Mecklembourg-Schwerin qui se trouvait à côté de lui :

— « La bête est morte. »

L'envoyé du Gouvernement de la Défense nationale, Jules Favre, avait franchi les avant-postes prussiens ; escorté, au milieu des clameurs, à travers les lignes d'investissement, il était arrivé au quartier-général de l'armée allemande. — On n'a pas oublié cette entrevue du Château de Ferrières où, dans une salle obstruée de gravats et de débris, il avait tenté jadis les premières négociations.

Aujourd'hui, c'était dans une salle plus sombre et toute royale, où sifflait le vent de neige, malgré les feux allumés, que les deux mandataires ennemis se réapparaissaient.

A certain moment de l'entretien, Favre, pensif, assis devant la table, s'était surpris à considérer, en silence, le comte de Bismarck-Schœnhausen, qui s'était levé.

La stature colossale du chevalier de l'Empire d'Allemagne, en tenue de major général, projetait son ombre sur le parquet de la salle dévastée. A de brusques lueurs du foyer étincelaient la pointe de son casque d'acier poli, obombré de l'éparse crinière blanche, — et, à son doigt, le lourd cachet d'or, aux armoiries sept fois séculaires, des vidames de l'Évêché de Halberstadt, plus tard barons : le Trèfle des Bisthums-marke, sur leur vieille devise : *In trinitate robur.*

Sur une chaise était jeté son manteau de guerre aux larges parements lie de vin, dont les reflets empourpraient sa balafre d'une teinte sanglante. — Derrière ses talons, enscellés de longs éperons d'acier, aux chaînettes bien fourbies, bruissait, par instants, son sabre, largement traîné. Sa tête, au poil roussâtre, de dogue altier, gardant la Maison allemande — dont il venait de réclamer la clef, Strasbourg, hélas ! — se dressait. De toute la personne de cet homme, pareil à l'hiver, sortait son adage : « *jamais assez* ». Le doigt appuyé sur la table, il regardait au loin, par une croisée, comme si, oublieux de la présence de l'ambassadeur, il ne voyait plus que sa volonté planer dans la lividité de l'espace, pareille à l'aigle noire de ses drapeaux.

Il avait parlé. — Et des redditions d'armées et de

citadelles, des lueurs de rançons effroyables, des abandons de provinces s'étaient laissé entrevoir dans ses paroles... Ce fut alors qu'au nom de l'Humanité le ministre républicain voulut faire appel à la générosité du vainqueur, — lequel ne devait en ce moment se souvenir, certes ! que de Louis XIV passant le Rhin et s'avançant sur le sol allemand, de victoire en victoire — puis de Napoléon prêt à rayer la Prusse de la carte européenne — puis de Lutzen, de Hanau, de Berlin saccagé, d'Iéna !

Et de lointains roulements d'artillerie, pareils aux échos de la foudre, couvrirent la voix du parlementaire, qui, par un sursaut de l'esprit, alors se rappela... que c'était l'anniversaire d'un jour où, du haut de l'échafaud, le roi de France avait aussi voulu faire appel à la magnanimité de son peuple, lorsque des roulements de tambours couvrirent sa voix !... — Malgré lui, Favre tressaillit de cette coïncidence fatale, à laquelle, dans le trouble de la défaite, personne n'avait pensé jusqu'à cet instant. — C'était, en effet, du 21 janvier 1871 que devait dater, dans l'histoire, l'ouverture de la capitulation de la France laissant tomber son épée.

Et comme si le Destin eût voulu souligner, avec une sorte d'ironie, le chiffre de cette date régicide, lorsque l'ambassadeur de Paris eut demandé à son interlocuteur combien de jours de suspension d'armes il serait accordé, le chancelier jeta cette *officielle* réponse :

— Vingt et un ; pas un de plus...

Alors, le cœur oppressé par la vieille tendresse que l'on a pour sa terre natale, le rude parleur aux joues creuses, au nom d'ouvrier, au masque sévère, baissa le front en frémissant. Deux larmes, pures comme celles que versent les enfants devant leur mère agonisante, bondirent hors de ses yeux dans ses cils et roulèrent, silencieusement, jusqu'aux coins crispés de ses lèvres ! Car, s'il est une illusion que même les plus sceptiques, en France, sentent palpiter avec leur cœur, tout à coup, devant les hauteurs de l'étranger, c'est la patrie.

Le soir tombait, allumant la première étoile.

Là-bas, de rouges éclairs suivis du grondement des

pièces de siège et du crépitement éloigné des feux de bataillons sillonnaient, à chaque instant, le crépuscule.

Demeuré seul dans cette mémorable salle, après l'échange du salut glacé, le ministre de nos affaires étrangères songea pendant quelques instants... Et il arriva qu'au fond de sa mémoire surgit bientôt un souvenir que les concordances, déjà confusément remarquées par lui, rendirent extraordinaire en son esprit.

C'était le souvenir d'une histoire trouble, d'une sorte de légende moderne qu'accréditaient des témoignages, des circonstances — et à laquelle lui-même se trouvait étrangement mêlé.

Autrefois, il y avait de longues années! un malheureux, d'une origine inconnue, expulsé d'une petite ville de la Prusse saxonne, était apparu, un certain jour, en 1833, dans Paris.

Là, s'exprimant à peine en notre langue, exténué, délabré, sans asile ni ressources, il avait osé se déclarer n'être autre que le fils de Celui... dont la tête auguste était tombée le 21 janvier 1793, place de la Concorde, sous la hache du peuple français.

A la faveur, disait-il, d'un acte de décès quelconque, d'une obscure substitution, d'une rançon inconnue, le dauphin de France, grâce au dévouement de deux gentilshommes, s'était positivement échappé des murs du Temple, et l'évadé royal... c'était lui. — Après mille traverses et mille misères, il était revenu justifier de son identité. N'ayant trouvé, dans *sa* capitale, qu'un grabat de charité, cet homme, que nul n'accusa de démence, mais de mensonge, parlait du trône de France en héritier légitime. Accablé sous la presque universelle persuasion d'une imposture, ce personnage inécouté, repoussé de tous les territoires, s'en était allé tristement mourir, l'an 1845, dans la ville de Delft en Hollande.

On eût dit, en voyant cette face morte, que le Destin s'était écrié : — Toi, je te frapperai de mes poings au visage, jusqu'à ce que ta mère ne te reconnaisse plus.

Et voici que, chose plus surprenante encore, les États-Généraux de la Hollande, de l'assentiment des chancelleries et du roi Guillaume II, avaient accordé, tout à coup, à cet énigmatique passant, les funérailles d'honneur d'un prince, et avaient approuvé officiellement, que sur sa pierre tombale fût inscrite cette épitaphe :

« Ci-gît Charles-Louis de Bourbon, duc de Normandie, fils du roi Louis XVI et de Marie-Antoinette d'Autriche, XVIIe du nom, roi de France. »

Que signifiait ceci?... Ce sépulcre — démenti donné au monde entier, à l'Histoire, aux convictions les plus assurées — se dressait là-bas, en Hollande, comme une chose de rêve à laquelle on ne voulait pas trop penser.

Cette immotivée décision de l'étranger ne pouvait qu'aggraver de légitimes défiances : on en maudissait l'accusation terrible.

Quoi qu'il en fût, un jour de l'autrefois, cet homme de mystère, de détresse et d'exil était venu rendre visite à l'avocat déjà célèbre qui devait être, aujourd'hui! le délégué de la France vaincue. En fantastique revenant, il avait sollicité l'orateur républicain, lui confiant la défense de son histoire. Et, par un nouveau phénomène, l'indifférence initiale, sinon l'hostilité même, du futur tribun, s'étaient dissipées au premier examen des documents présentés à son appréciation. Bientôt remué, saisi, convaincu (à tort ou à raison, qu'importe !), Jules Favre avait pris à cœur cette cause — qu'il devait étudier pendant trente années et plaider un jour, avec toute l'énergie et les accents d'une foi vive. Et, d'année en année, ses relations avec l'inquiétant proscrit étaient devenues plus amies, si bien qu'un jour, en Angleterre, où le défenseur était venu visiter son extraordinaire client, celui-ci, se sentant près de la mort lui avait fait présent (en signe d'alliance et de reconnaissance profondes) d'un vieil anneau fleurdelisé dont il tut la provenance originelle.

C'était une chevalière d'or. Dans une large opale centrale, aux lueurs de rubis, avait été gravé, d'abord, le blason de Bourbon : *les trois fleurs de lys d'or sur champ d'azur*. Mais, par une sorte de déférence triste, — pour qu'enfin le républicain pût porter sans trouble, ce gage seulement affectueux, — le donateur en avait fait effacer, autant que possible, les armoiries royales.

Maintenant, l'image d'une Bellone tendant, sur l'arc fatidique, la flèche, aussi, de son droit divin, voilait de son symbole menaçant, l'écusson primordial.

Or, d'après les biographes, c'était une sorte d'inspiré, d'illuminé, quelquefois, ce prétendant téméraire ! — A l'en croire, Dieu l'avait favorisé de visions révélatrices et sa nature était douée d'une puissante acuité de pressentiments. Souvent, la mysticité solennelle de ses discours communiquait à sa voix des accents de prophète. — Ce fut donc avec une intonation des plus étranges, et les yeux sur les yeux de son ami, qu'il ajouta, dans cette soirée d'adieu et en lui conférant l'anneau, ces singulières paroles :

— Monsieur Favre, en cette opale, vous le voyez, est sculptée, comme une statue sur une pierre funéraire, cette figure de la Bellone des vieux âges. Elle traduit ce qu'elle recouvre. — *Au nom du roi Louis XVI et de toute une race de rois dont vous avez défendu l'héritage désespéré, portez cet anneau ! Et que leurs mânes outragés pénètrent, de leur esprit, cette pierre! Que son talisman vous conduise et qu'il soit un jour, pour vous, en quelque heure sacrée, le* TÉMOIN *de leur présence !*

Favre a déclaré souvent avoir attribué, *alors*, à quelque exaltation produite par une trop lourde continuité d'épreuves, cette phrase qui lui parut longtemps inintelligible — mais à l'injonction de laquelle il obéit, toutefois, par respect, en passant à l'annulaire de sa main droite, l'Anneau prescrit.

Depuis ce soir-là, Jules Favre avait gardé la bague de ce « Louis XVII » à ce doigt de sa main droite. Une sorte d'occulte influence l'avait toujours préservé de la perdre ou de la quitter. Elle était pour lui comme ces emprises de fer que les chevaliers d'autrefois gardaient, rivées à leurs bras, jusqu'à la mort, en témoignage du serment qui les vouait à la défense d'une cause. Pour quel but obscur le Sort lui avait-il comme imposé l'habitude de cette relique à la fois suspecte et royale ? — Avait-il donc fallu, enfin ! qu'à *tout prix* ceci dût devenir possible — que ce républicain prédestiné *portât ce Signe à la main, dans la vie, sans savoir où ce Signe le conduisait ?*

Il ne s'en inquiétait pas : mais, lorsqu'on essayait de railler, en sa présence, le nom germain de son dauphin d'outre-tombe :

— Naundorff, Frohsdorff!... murmurait-il pensivement.

Et voici que, par un enchaînement irrésistible, l'imprévu des événements avait élevé peu à peu l'avocat-citoyen jusqu'à le constituer, tout à coup, le représentant même de la France ! Il avait fallu, pour amener ceci, que l'Allemagne fît prisonniers plus de cent cinquante mille hommes, avec leurs canons, leurs armes et leurs drapeaux flottants, avec leurs maréchaux et leur Empereur — et maintenant, avec leur capitale! — Et ce n'était pas un rêve.

C'est pourquoi le souvenir de l'*autre* rêve, moins incroyable, après tout, que celui-là, vint hanter M. Jules Favre, pendant un instant, ce soir-là, dans la salle déserte où venaient d'être débattues les conditions de salut — ou plutôt de vie sauve — de ses concitoyens.

A présent, atterré, morne, il jetait malgré lui, sur l'Anneau transmis à son doigt, des coups d'œil de visionnaire. Et sous les transparences de l'opale frappée de lueurs célestes, il lui semblait voir étinceler, autour de l'héraldique Bellone vengeresse, les vestiges de l'antique écusson qui rayonna jadis, au fond des siècles, sur le bouclier de saint Louis.

Huit jours après, les stipulations de l'armistice ayant été acceptées par ses collègues de la Défense nationale, M. Favre, muni de leur pouvoir collectif, s'etait rendu à Versailles pour la signature officielle de cette trêve, qui amenait l'épouvantable capitulation.

Les débats étaient clos. M. de Bismarck et M. Jules Favre, s'étant relu le Traité, y ajoutèrent, pour conclure, l'article 15, dont la teneur suit :

— « Art. 15. En foi de quoi les soussignés ont revêtu
« de leurs signatures et scellé de leurs sceaux les pré-
« sentes conventions.

« Fait à Versailles, le 28 janvier 1871

« *Signé* : Jules FAVRE. — BISMARCK. »

M. de Bismarck, ayant apposé son cachet, pria M. Favre d'accomplir la même formalité pour régulariser cette minute, aujourd'hui déposée à Berlin aux Archives de l'empire d'Allemagne.

M. Jules Favre ayant déclaré avoir omis, au milieu des soucis de cette journée, de se munir du sceau de la République Française, voulait le faire prendre à Paris.

— Ce serait un retard inutile, répondit M. de Bismarck : votre cachet suffira.

Et, comme s'il eût connu ce qu'il faisait, le Chancelier de Fer indiquait, lentement, au doigt de notre envoyé, l'Anneau légué par l'Inconnu.

A ces paroles inattendues, à cette subite et glaçante mise en demeure du Destin, Jules Favre, presque hagard, et se rappelant le vœu prophétique dont cette bague souveraine était pénétrée, regarda fixement, comme dans le saisissement d'un vertige, son impénétrable interlocuteur.

Le silence, en cet instant, se fit si profond qu'on entendit, dans les salles voisines, les heurts secs de l'électricité qui, déjà, télégraphiait la grande nouvelle aux extrémités de l'Allemagne et de la terre; — l'on entendait aussi les sifflements des locomotives qui déjà transportaient des troupes aux frontières. — Favre reporta les yeux sur l'Anneau !...

Et il lui sembla que des présences évoquées se dressaient confusément autour de lui dans la vieille salle royale, et qu'elles attendaient, dans l'invisible, l'instant de Dieu.

Alors, comme s'il se fût senti le mandataire de quelque expiatoire décret d'en haut, il n'osa pas, du fond de sa conscience, se refuser à la demande ennemie !

Il ne résista plus à l'Anneau qui lui attirait la main vers le Traité sombre.

Grave, il s'inclina :

— C'est juste, dit-il.

Et, au bas de cette page qui devait coûter à la patrie tant de nouveaux flots de sang français, deux vastes provinces, sœurs parmi les plus belles! l'incendie de la sublime capitale et une rançon plus lourde que le numéraire métallique du monde — sur la cire pourpre où la flamme palpitait encore, éclairant, malgré lui, les fleurs de lys d'or à sa main républicaine — Jules Favre, en pâlissant, imprima le sceau mystérieux où, sous la figure d'une Exterminatrice oubliée et divine, s'attestait, *quand même!* l'âme — soudainement apparue à son heure terrible — de la Maison de France.

Le Tzar et les grands-ducs

1880.

Le couronnement prochain du Tzar me remet en mémoire un ensemble de circonstances dont la mystérieuse frivolité peut éveiller, en quelques esprits, la sensation d'une de ces *correspondances* dont parle Swedenborg. En tout cas, il en ressort que la réalité dépasse, quelquefois, dans le jeu fantaisiste de ces coïncidences, les limites les plus extrêmes du bizarre.

Pendant l'été de 1870, le Grand-duc de Saxe-Weimar offrit au tzar Alexandre II un festival artistique. Plusieurs souverains de l'Allemagne furent invités. C'était, je crois, à l'occasion d'un projet d'alliance entre une princesse de Saxe et le grand-duc Wladimir, frère du tzaréwitch.

Le programme comprenait une fête à Eisenach — et l'exécution des principales œuvres de Richard Wagner sur le petit théâtre, très en renom d'ailleurs, de Weimar.

Arrivé à l'*Hôtel du Prince,* la veille de la fête, je me trouvai placé, le soir, à table d'hôte, en face de Liszt — qui, sablant le champagne au milieu de sa cour féminine, me parut porter un peu nonchalamment sa soutane. — A ma gauche, gazouillait une jeune chanoinesse de la cour d'Autriche douée d'un petit nez retroussé — très en vogue, paraît-il — mais, en revanche, d'une de ces vertus austères qui l'avait fait surnommer Sainte-Roxelane.

Autour de la table courait madame Olga de Janina, la fantasque tireuse d'armes ; nous étions entre artistes, on faisait petite ville.

A ma droite, se voûtait un chambellan du tzar, quinquagénaire de six pieds passés, le comte Phëdro, célèbre original. En deux ou trois plaisanteries, nous fîmes connaissance.

Ancien Polonais revenu à des idées plus pratiques, ce courtisan jouissait d'un sourire grâce auquel s'éclairaient toutes questions difficiles. J'appris plus tard, que sa charge était une sorte de sinécure créée, à son usage, par la gracieuseté de l'Empereur. — Ah! l'étrange passant! Sa mise, toujours d'une élégance négligée, était sommée d'un légendaire chapeau bossué — n'est-ce pas incroyable? — comme celui de Robert-Macaire, et affectant la forme indécise d'un bolivar d'ivrogne après vingt chutes. Il y tenait! L'on eût dit le point saillant de sa personnalité, aux angles un peu effacés d'ailleurs. Somme toute, causeur affable, très connaisseur, très répandu. Je ne le traite à la légère, ici, que grâce à une impression dont je voudrais, en vain, me défendre.

— Vous précédez Sa Majesté? lui demandai-je avec une surprise naïve.

— Non, me répondit-il : je ne suis à Weimar qu'en simple amateur.

Sur une question vague, au sujet de l'agitation moderne en son pays d'adoption :

— De nos jours, me répondit-il, un tzar n'est observé

avec malveillance que *par les milliers d'yeux de la petite seigneurie russe*, de la menue noblesse toujours mécontente. Quant à vos idées de liberté, elles sont, là-bas, inoffensives. Les serfs affranchis viennent, d'eux-mêmes, se revendre. Tous sont pour l'Empereur. Ce n'est plus sous les pieds d'un tzar, *c'est autour de lui que luisent les yeux de mauvais augure.*

Nous prenions le café. Tout en aspirant un régalia, Phëdro me conseillait, maintenant, en diplomate, sur les « moyens de *parvenir* dans la vie » — et j'écoutais cet adroit courtisan, comme dit Guizot, avec cette sorte d'estime triste qui ne peut se réfugier que dans le silence.

On se levait. Mon compagnon de voyage, M. Catulle Mendès, s'approcha de moi.

— Le Grand-duc vient passer la soirée chez Liszt, me dit-il : il désire que ses hôtes français lui soient présentés. Liszt, étant son maître de chapelle, m'envoie te prier d'accepter, sans cérémonie, une tasse de thé. Apporte un de tes manuscrits.

— Soit, répondis-je.

Vers neuf heures, chez Liszt, après une présentation semi-officielle, le Grand-duc, un élancé jeune homme de trente-huit à quarante ans, m'ayant prié de lui lire quelque fantaisie, je m'assis, auprès d'un candélabre, devant le guéridon sur lequel il s'accoudait. Entouré d'une vingtaine d'intimes de la cour et des amis du voyage, je donnai lecture, d'environ dix pages, d'une bouffonnerie énorme et sombre, couleur du siècle : TRIBULAT BONHOMET.

Il est des soirs où l'on est bien disposé, pour la gaîté. Un bon hasard m'avait fait tomber, sans doute, sur l'un d'eux. J'obtins donc un succès de fou rire très extraordinaire.

Cette hilarité presque convulsive s'empara des plus graves personnages de l'auditoire, jusqu'à leur faire oublier l'étiquette. J'en atteste les invités, le Grand-duc avait, littéralement, les larmes aux yeux. Un sévère officier de la maison du tzar, secoué par un étouffement, fut obligé de se retirer — et nous entendîmes dans l'antichambre les monstrueux éclats de rire solitaire auxquels il se livrait, enfin, en liberté. — Ce fut fantastique. Et je suis sûr que demain, en lisant ces lignes, S. A. R. le prince de Saxe-Weimar ne pourra se défendre d'un sourire au souvenir de cette soirée.

Le lendemain, par un beau soleil, dans la délicieuse vallée d'Eisenach, entourée de collines boisées que domine le féodal donjon de la Wartburg, les quinze ou vingt mille sujets de notre auguste châtelain s'ébattaient dans l'allégresse. — Des brasseries champêtres, des tréteaux pavoisés, des musiques, une fête en pleine nature ! Ce peuple aimait le passé, se sentant digne de l'avenir.

Le Grand-duc, seul, en redingote moderne, aimé comme un ami, vénéré de tous, se promenait au milieu des groupes. Signe particulier : on le saluait en souriant.

Le matin, j'avais visité la Wartburg. J'avais contemplé, à mon tour, cette tache noire que l'encrier de Martin Luther laissa sur la muraille, en s'y brisant, alors qu'un soir le digne réformateur, croyant entrevoir le diable en face de la table où il écrivait, lui jeta ledit encrier aux cornes! J'avais vu le couloir où Sainte-Elisabeth accomplit le miracle des roses, — la salle du Landgrave où les *minnesingers* Walter de la Vogelwelde et Wolfram d'Eischenbach furent vaincus par le chant du chevalier de Vénus.

La fête continuait donc l'impression des siècles, évoquée par la Wartburg.

Le Grand-duc, m'ayant aperçu dans le vallon, vint à moi par un mouvement de courtoisie charmante.

Pendant que nous causions, il salua de la main une vieille femme qui passait, joyeuse, entre deux beaux étudiants ; ceux-ci, tête nue, lui donnaient le bras.

— C'est, me dit-il, l'artiste qui a créé la *Marguerite* du *Faust*, en Allemagne. Elle sera demain centenaire.

Quelques instants après, il reprit, avec un sourire :

— Dites-moi, n'avez-vous pas remarqué, ce matin, à la Wartburg, l'ours, le loup-cervier, le renne, le guépard, l'aigle, — toute une ménagerie?

Sur mon affirmation, il ajouta, risquant un jeu de

mots, possible seulement en français, sorte de calembour de souverain à l'usage des visiteurs :

— A présent, vous voyez le *grand-duc*. Il y en a par milliers dans le parc de Weimar. C'est le rendez-vous des oiseaux de nuit de l'Allemagne. Je les y laisse vieillir.

Un courrier du tzar, porteur d'un message, survint, conduit par un chambellan. Je m'éloignai. L'instant d'après, le comte Phëdro m'annonçait que l'empereur arrivait à Weimar dans la soirée, et qu'il assisterait, le lendemain, au *Vaisseau-fantôme*.

Le jour baissait sur les collines derrière le rideau de verdure des frênes et des sapins, au feuillage maintenant d'or rouge. Les premières étoiles brillaient sur la vallée dans le haut azur du soir. Soudain, le silence se fit. — Au loin, un chœur de huit cents voix, d'abord invisible, commençait le *Chant des Pèlerins*, du *Tannhaüser*. Bientôt les chanteurs, vêtus de longues robes brunes et appuyés sur leurs bâtons de pèlerinage, apparurent, gravissant les hauteurs du Vénusberg, en face de nous. Leurs formes se détachaient sur le crépuscule. — Où d'aussi surprenantes fantasmagories sont-elles réalisables, sinon dans ces contrées, tout artistiques, de l'Allemagne?... Lorsqu'après le puissant *forte* final, le chœur se tut, — une voix, une seule voix! celle de Betz ou de Scaria sans doute, — s'éleva, distincte, détaillant magnifiquement l'invocation de Wolfram d'Eischenbach à l'Etoile-du-Soir.

Le *minnesinger* était debout, au sommet du Vénusberg, seul, vision du passé, au-dessus du silence de cette foule. La réalité avait l'air d'un rêve. Le recueillement de tous était si profond que le chant s'éteignit, dans les échos, sans que personne eût l'idée, même, d'applaudir. Ce fut comme après une prière du soir.

Des gerbes de fusées tirées du donjon nous avertirent que la fête était finie. — Vers huit heures, je repris le train ducal et revins à Weimar. — Le tzar était arrivé.

Au théâtre, le lendemain, je trouvai place dans la loge de l'étincelante madame de Moukhanoff à qui Chopin dédia la plupart de ses valses lunaires, sorte de musique d'esprits entendue le soir derrière les vitres d'un manoir abandonné. — Sainte Roxelane s'y trouvait aussi.

Au fond de la loge, Phëdro nous couvrait de son ombre magistrale.

La double galerie, toute la salle, éblouissait des feux d'une myriade de diamants, d'une profusion d'ordres en pierreries sur les uniformes bleu et or et sur les habits noirs. C'étaient aussi de pâles et purs profils d'étrangères, des blancheurs sur le velours des loges — et des regards altiers se croisant comme des saluts d'épées. Une race s'évoquait sur un front, d'un seul coup d'œil, comme un burg, sur le Rhin, dans un éclair.

Au centre, — dans la loge du Grand-duc et à côté de lui, — le prince Wladimir ; — auprès de ce jeune homme, l'une des princesses de Saxe-Weimar. A gauche, la loge du roi de Saxe.

A droite, celle du roi de Bavière absent. — Dans l'avant-scène de droite, froid, seul, en uniforme saxon, la croix de Malte au cou, le front enténébré de la mélancolie natale des Romanoff, se tenait, debout, le tzar Alexandre II.

Un coup de sonnette retentit. Une obscurité instantanée envahit la salle avec un grand silence. L'ouverture du *Vaisseau-fantôme* se déchaîna ; l'appel funèbre du Hollandais passait dans la houle sur les flots noirs, pareil au fatal refrain d'un Juif-errant de la mer. Tous écoutaient. Je regardai le tzar.

Il écoutait aussi.

A la fin de la soirée, l'esprit obsédé de tout ce bruit triomphal, je vins souper à l'*Hôtel du Prince*. Là, c'étaient des cris d'enthousiasme !

Préférant la solitude aux nombreux commentaires que j'entendais, je résolus d'aller me distraire en fumant, seul, dans le parc.

Je sortis, laissant les toasts s'achever, entre fins connaisseurs.

Ah ! la belle nuit ! Et le parc de Weimar, de nuit ! quel enchantement ! — J'entrai.

A gauche de la grille, au loin, sous un dôme de feuillages, une lueur brillait. C'était la maison de Gœthe, perdue, solitaire en cette immensité. Quel isolement des choses! Je marchais. Je voyais une vaste nappe de clarté lunaire, sur la pelouse, en face de la chambre où il était mort. — « De la lumière! » pensai-je. — Et je m'enfonçai sous les arbres centenaires d'une allée qui, entrecroisant à une hauteur démesurée leurs feuillées et leurs ramures, y assombrissaient encore l'obscurité.

Et une délicieuse odeur d'herbes, de buissons et de fleurs mouillées, d'écorces fendues par le moût immense de la sève — et cette houle, qui sort de la terre mêlée au frisson des plantes, me pénétraient.

Personne.

Je marchai pendant près d'une heure, sans m'orienter, au hasard.

Cependant les taillis, formés à hauteur d'homme par les premiers rameaux des arbres, me paraissaient bruire, à chaque instant, comme si des êtres vivants s'y agitaient.

En essayant de sonder leurs ténèbres, entre les branches, j'aperçus des myriades de lueurs rondes, clignotantes, phosphorescentes. C'étaient les *grands-ducs* dont m'avait parlé (je m'incline) *celui* de Saxe-Weimar.

Certes, ils étaient familiers! Nul ne les inquiétait. Une superstition les protégeait. Alignés par longues théories, sur de grosses branches, respectés des forestiers du prince, on les laissait à leurs méditations sinistres. Parfois un vol étouffé, cotonneux, traversait une avenue avec un cri. L'un d'eux, tous les dix ans peut-être, changeait d'arbre. A part ces rares envolées, rien ne troublait leurs taciturnes songeries. Leur nombre était surprenant.

Mon noctambulisme m'avait conduit jusqu'à l'ouverture d'une clairière au fond de laquelle j'entrevoyais le château ducal illuminé. Le royal souper devait durer encore? Bientôt, je heurtai un obstacle. Je reconnus un banc. — Ma foi, je me laissai aller au calme et à la beauté de la nuit. Je m'étendis et m'accoudai, les yeux fixés sur la clairière. Il pouvait être une heure et demie du matin.

Tout à coup, au sortir de l'une des contre-allées qui avoisinent le château, quelqu'un parut, marchant vers ma retraite, un cigare à la main.

— Sans doute, quelque officier sentimental, pensai-je, voyant s'avancer lentement ce promeneur.

Mais, à l'entrée de mon allée, la lumière de la lune l'ayant baigné spontanément, je tressaillis.

— Tiens! on dirait le tzar! me dis-je.

Une seconde après, je le reconnus. Oui, c'était lui. L'homme qui venait de s'aventurer sous cette voûte noire où, seul, je veillais, — celui-là que je ne voyais plus, maintenant, mais que je savais être là, dont j'entendais les pas, au milieu de l'allée, dans la nuit, — c'était bien l'empereur Alexandre II. Cette façon de me trouver une première fois seul à seul avec lui m'impressionnait.

Personne, sur ses traces! Pas un officier. Il avait tenu, je suppose, à respirer aussi, sans autre confident que le silence. J'écoutais ses pas s'approcher; certes, il ne pouvait me voir... A trois pas, le feu de son cigare éclaira subitement, reflété par son hausse-col d'or, ses favoris grisonnants et les pointes blanches de sa croix de Malte. Ce ne fut qu'un éclair, fugitif mais inoubliable, dans cette épaisse obscurité.

Dépassant ma présence, je l'entendis s'éloigner vers une éclaircie latérale, située à une trentaine de pas de mon banc. Là, je vis le tzar s'arrêter, puis jeter un long coup d'œil sur l'espace du côté de l'aurore — vers l'Orient, plutôt! Brusquement, il écarta de ses deux mains la ramée d'un haut taillis et demeura, les yeux fixés sur les lointains, fumant par moments et immobile.

Mais le bruit de ces branches froissées et brisées avait jeté l'alarme derrière lui! Et voici qu'entre les profondes feuillées, des prunelles sans nombre s'allumèrent silencieusement! La phrase de Phëdro, par une analogie qui me frappa malgré moi, dans cette circonstance, me traversa l'esprit.

Ainsi, comme dans son pays — sans qu'il les aperçût — des milliers d'yeux, de menaçant augure, symbole persistant! observaient toujours, — même ici, perdu au fond d'une petite ville d'Allemagne, — ce tragique promeneur, ce maître spirituel et temporel de cent millions d'âmes et dont l'ombre couvrait tout un pan du monde!... Cet homme ne pouvait donc se mêler à la nuit sans que le souvenir de Pierre le Grand et de ses vœux démesurés ne passât sur un front, ne fût-ce que sur celui d'un songeur inconnu !

Au bout de peu d'instants, l'Empereur revint sur ses pas, dans l'allée, sous le feu de toutes ces prunelles d'oiseaux occultes dont il semblait passer, sans le savoir, la sinistre revue. Bientôt je sentis qu'il frôlait le banc où j'étais étendu.

Il s'éloignait vers la clairière, y reparut en pleine clarté, puis, au détour d'une avenue, là-bas, disparut subitement.

Demain, lorsque, dans Moscou, d'innombrables voix, entonnant le « *Bogë Tzara Krani* » scandé par le feu des puissants canons de la capitale religieuse de l'Empire, et alterné par les lourdes cloches du Kremlin, annonceront au monde le sacre du jeune successeur d'Alexandre II, — le songeur du parc de Weimar se souviendra, lui, du solitaire marcheur dont les pas sonnèrent ainsi, une nuit, à son oreille ! — Il se rappellera le promeneur qui écartait, d'un geste fatigué, les branches qui gênaient sa vue et ses pensées — il évoquera la haute figure du prédécesseur qui passa, dans l'ombre, — alors qu'autour de ce tzar, aussi l'épiant et l'observant en silence, d'obliques regards se multipliaient, menaçant son front morose et dédaigneux.

L'Aventure de Tsë-i-la

« Devine, ou je te dévore. »
LE SPHYNX.

Au nord du Tonkin, très loin dans les terres, la province de Kouang-Si, aux rizières d'or, étale jusqu'aux centrales principautés de l'Empire du Milieu ses villes aux toits retroussés dont quelques-unes sont encore de mœurs à demi tartares.

Dans cette région, la sereine doctrine de Lao-Tseu n'a pas encore éteint les vivaces crédulités aux Poussahs, sortes de génies populaires de la Chine. Grâce au fanatisme des bonzes de la contrée, la superstition chinoise, même chez les grands, y fermente plus âpre que dans les états moins éloignés de Péï-Tsin (Pékin) ; — elle diffère des croyances mandchoues en ce qu'elle admet les interventions *directes* des « dieux » dans les affaires du pays.

L'avant-dernier vice-roi de cette immense dépendance impériale fut le gouverneur Tchë-Tang, lequel a laissé la mémoire d'un despote sagace, avare et féroce. Voici à quel ingénieux secret ce prince, échappant à mille vengeances, dut de s'éteindre en paix au milieu de la haine de son peuple — dont il brava, jusqu'à la fin, sans soucis ni périls, les bouillonnantes fureurs assoiffées de son sang.

Une fois — quelque dix ans peut-être avant sa mort — par un midi d'été dont l'ardeur faisait miroiter les moires des étangs, craquer les feuillages des arbres, rutiler la poussière — et versait une pluie de flammes sur ces myriades de vastes et hauts kiosques, aux triples étages, qui, s'avoisinant selon les méandres des rues, constituent la capitale Nan-Tchang ainsi que toute grande ville du Céleste-Empire, — Tchĕ-Tang, assis dans la plus fraîche des salles d'honneur de son palais, sur un siège noir incrusté de fleurs de nacre aux liserons d'or neuf, s'accoudait, le menton dans la main, le sceptre sur les genoux.

Derrière lui, la statue colossale de Fô, l'inexprimable dieu, dominait son trône. Sur les degrés veillaient ses gardes, en armures écaillées de cuir noir, la lance, l'arc ou la longue hache au poing. A sa droite se tenait debout son bourreau favori, l'éventant.

Les regards de Tchĕ-Tang erraient sur la foule des mandarins, des princes de sa famille et sur les grands officiers de sa cour. Tous les fronts étaient impénétrables. Le roi, se sentant haï, entouré d'imminents meurtriers, considérait, en proie aux soupçons indécis, chacun des groupes où l'on causait à voix basse. Ne sachant qui exterminer, s'étonnant, à chaque instant, de vivre encore, il rêvait, taciturne et menaçant.

Une tenture s'écarta, donnant passage à un officier : celui-ci amenait, par la natte, un jeune homme inconnu, aux grands yeux clairs et d'une belle physionomie. L'adolescent était revêtu d'une robe de soie feu, à ceinture brochée d'argent. Devant Tchë-Tang, il se prosterna.

Sur un coup d'œil du roi :

— Fils du Ciel, répondit l'officier, ce jeune homme a déclaré n'être qu'un obscur citoyen de la ville et s'appeler Tsë-i-la. Cependant, au mépris de la Mort lente, il offre de prouver qu'il vient en mission vers toi de la part des Poussahs immortels.

— Parle, dit Tchë-Tang.

Tsë-i-la se redressa.

*
* *

— Seigneur, dit-il d'une voix calme, je sais ce qui m'attend si je tiens mal mes paroles. — Cette nuit, dans un songe terrible, les Poussahs, m'ayant favorisé de leur visitation, m'ont fait présent d'un secret qui éblouit l'entendement mortel. Si tu daignes l'écouter, tu reconnaîtras qu'il n'est point d'origine humaine, car l'entendre, seulement, éveillera, dans ton être, un sens nouveau. Sa vertu te communiquera sur-le-champ le don mystérieux de lire — les yeux fermés, dans l'espace qui sépare les prunelles des paupières — *les noms mêmes, en traits de sang! de tous ceux qui pourraient conspirer contre ton trône ou ta vie, au moment précis où leurs esprits en concevraient le dessein.* Tu seras donc à l'abri, pour toujours, de toute surprise funeste, et vieilliras, paisible, en ton autorité. Moi, Tsë-i-la, je jure ici, par Fô, dont l'image projette son ombre sur nous, que le magique attribut de ce secret est bien tel que je te l'annonce.

A ce stupéfiant discours, il y eut, dans l'assemblée, un frémissement et un grand silence. Une vague angoisse émouvait l'impassibilité ordinaire des visages. Tous examinaient le jeune inconnu qui, sans trembler, s'attestait, ainsi, possesseur et messager d'un sortilège divin. Plusieurs s'efforçant en vain de sourire, mais n'osant s'entre-regarder, pâlissaient, malgré eux, de l'assurance de Tsë-i-la. Tchë-Tang observait autour de lui cette gêne dénonciatrice.

Enfin, l'un des princes, — pour dissimuler, sans doute, son inquiétude, s'écria :

— Nous n'avons que faire des propos d'un insensé ivre d'opium.

Les mandarins, alors, se rassurant :

— Les Poussahs n'inspirent que les très vieux bonzes des déserts.

Et l'un des ministres :

— C'est à notre examen, tout d'abord, de décider si le prétendu secret dont ce jeune homme se croit dépositaire est digne d'être soumis à la haute sagesse du roi.

A quoi, les officiers irrités :

— Et lui-même... peut-être n'est-il qu'un de ceux dont le poignard n'attend, pour frapper le Maître, que l'instant où les yeux distraits...

— Qu'on l'arrête !

Tchë-Tang étendit sur Tsë-i-la son sceptre de jade où brillaient des caractères sacrés :

— Continue, dit-il, impassible.

Tsë-i-la reprit alors, en agitant, du bout des doigts,

autour de ses joues, un petit éventail en brins d'ébène :

— Si quelque torture pouvait persuader Tsë-i-la de trahir son grand secret en le révélant à d'autres qu'au roi seul, j'en atteste les Poussahs qui nous écoutent, invisibles, ils ne m'eussent point choisi pour interprète !
— O princes, non, je n'ai pas fumé d'opium, je n'ai pas le visage d'un insensé, je ne porte point d'armes. Seulement, voici ce que j'ajoute. Si j'affronte la Mort lente, c'est qu'un tel secret vaut également, s'il est réel, une récompense digne de lui. Toi seul, ô roi, jugeras donc, en ton équité, s'il mérite le prix que je t'en demande.
— Si, tout à coup, au son même des mots qui l'énoncent, tu ressens en toi, sous tes yeux fermés, le don de sa vertu vivante — et son prodige ! — les dieux m'ayant fait noble en me l'inspirant de leur souffle d'éclairs, tu m'accorderas Li-tien-Së, ta fille radieuse, l'insigne princier des mandarins et cinquante mille liangs d'or.

En prononçant les mots « liangs d'or », une imperceptible teinte rose monta aux joues de Tsë-i-la, qu'il voila d'un battement d'éventail.

L'exorbitante récompense réclamée provoqua le sourire des courtisans et courrouça le cœur ombrageux du roi, dont elle révoltait l'orgueil et l'avarice. Un cruel sourire glissa, aussi, sur ses lèvres en regardant le jeune homme qui, intrépide, ajouta :

— J'attends de toi, Seigneur, le serment royal, par Fô, l'inexprimable dieu qui venge des parjures, que tu acceptes, selon que mon secret te paraîtra positif ou chimérique, de m'accorder *cette* récompense ou la mort qui te plaira.

Tchë-Tang se leva :

— C'est juré, dit-il ; — suis-moi.

Quelques moments après, — sous des voûtes qu'une lampe, suspendue au-dessus de sa charmante tête, éclairait, — Tsë-i-la, lié de cordes fines à un poteau, regardait, en silence, le roi Tchë-Tang, dont la haute taille apparaissait, dans l'ombre, à trois pas de lui. Le roi se tenait debout, adossé à la porte de fer du caveau; sa main droite s'appuyait sur le front d'un dragon de métal qui sortait de la muraille et dont l'œil unique semblait considérer Tsë-i-la. — La robe verte de Tchë-Tang jetait des clartés; son collier de pierreries étincelait, sa tête seule, dépassant le disque noir de la lampe, se trouvait dans l'obscurité.

Sous l'épaisseur de la terre, nul ne pouvait les entendre.

— J'écoute, dit Tchë-Tang.

— Sire, dit Tsë-i-la, je suis un disciple du merveilleux poète Li-taï-pé. — Les dieux m'ont donné, en génie, ce qu'ils t'ont donné en puissance : ils ont ajouté la pauvreté, pour grandir mes pensées. Je les remerciais donc, chaque jour, de tant de faveurs, et vivais paisible, sans désirs, — lorsqu'un soir, sur la terrasse élevée de ton palais, au-dessus des jardins, dans les airs argentés par la lune, j'ai vu ta fille Li-tien-Së, — qu'encensaient, à ses pieds, les fleurs diaprées des grands arbres, au vent de la nuit. — Depuis ce soir là, mon pinceau n'a plus tracé de caractères, et je sens en moi qu'elle aussi songe au rayonnement dont elle m'a pénétré!... Lassé de languir, préférant fût-ce la plus affreuse mort au supplice d'être sans elle, j'ai voulu, par un trait héroïque, d'une subtilité presque divine, m'élever, moi, passant, ô roi! jusqu'à elle, ta fille!

Tchë-Tang, sans doute par un mouvement d'impatience, appuya son pouce sur l'œil du dragon. Les deux battants d'une porte roulèrent sans bruit devant Tsë-i-la, lui laissant voir l'intérieur d'un cachot voisin.

Trois hommes, en habits de cuir, s'y tenaient près d'un brasier où chauffaient des fers de torture. De la voûte tombait une corde de soie, solide, s'effilant en fines tresses et sous laquelle brillait une petite cage d'acier, ronde, trouée d'une ouverture circulaire.

Ce que voyait Tsë-i-la, c'était l'appareil de la Mort terrible. Après d'atroces brûlures, la victime était suspendue en l'air, par un poignet, à cette corde de soie, — le pouce de l'autre main attaché, en arrière, au pouce du pied opposé. On lui ajustait alors cette cage autour de la tête, et, l'ayant fixée aux épaules, on la refermait après y avoir introduit deux grands rats affamés. Le bourreau imprimait ensuite, au condamné, un balancement. Puis il se retirait, le laissant dans les ténèbres et ne devant revenir le visiter que le surlendemain.

L'AVENTURE DE TSË-I-LA

A cet aspect, dont l'horreur impressionnait, d'ordinaire, les plus résolus :

— Tu oublies que nul ne doit m'entendre, hors toi! dit froidement Tsë-i-la.

Les battants se refermèrent.

— Ton secret? gronda Tchë-Tang.

— Mon secret, tyran! — C'est que ma mort entrainerait la tienne, ce soir! dit Tsë-i-la, l'éclair du génie dans les yeux. — Ma mort? Mais, c'est elle seule, ne le comprends-tu pas, qu'espèrent, là-haut, ceux qui attendent ton retour en frémissant!... Ne serait-elle pas l'aveu de la nullité de mes promesses?... Quelle joie pour eux de rire tout bas, en leurs cœurs meurtriers, de ta crédulité déçue? Comment ne serait-elle pas le signal de ta perte?... Assurés de l'impunité, furieux de leur angoisse, comment, devant toi, diminué de l'espoir avorté, leur haine hésiterait-elle encore? — Appelle tes bourreaux! Je serai vengé. Mais je le vois : déjà tu sens bien que si tu me fais périr, ta vie n'est plus qu'une question d'heures; et que tes enfants égorgés, selon l'usage, te suivront; — et que Li-tien-Së, ta fille, fleur de délices, deviendra la proie de tes assassins.

« Ah! si tu étais un prince profond!... Supposons que, tout à l'heure, au contraire, tu rentres, le front comme aggravé de la mystérieuse voyance prédite, entouré de tes gardes, la main sur mon épaule, dans la salle de ton trône — et que là, m'ayant toi-même revêtu de la robe des princes, tu mandes la douce Li-tien-Së — ta fille, et mon âme! — et qu'après nous avoir fiancés, tu ordonnes à tes trésoriers de me compter, officiellement, les cinquante mille liangs d'or, je jure qu'à cette vue tous ceux d'entre tes courtisans dont les poignards sont à demi tirés, dans l'ombre, contre toi, tomberont défaillants, prosternés et hagards, — et qu'à l'avenir nul n'oserait admettre, en son esprit, une pensée qui te serait ennemie. — Songe donc! L'on te sait raisonnable et froid, clairvoyant dans les conseils de l'Etat; donc il ne saurait être possible qu'une chimère vaine eût suffi pour transfigurer, en quelques instants, la soucieuse expression de ton visage en celle d'une stupeur sacrée, victorieuse, tranquille!... Quoi! l'on te sait cruel, et tu me laisses vivre? L'on te sait fourbe, et tu tiens envers moi ton serment? L'on te sait cupide, et tu me prodigues tant d'or? L'on te sait altier dans ton amour paternel, et tu me donnes ta fille, pour une parole, à moi, passant inconnu? Quel doute subsisterait devant ceci?... En quoi voudrais-tu que consistât la valeur d'un secret, insufflé par les vieux Génies de notre Ciel, *sinon dans l'environnante conviction que tu le possèdes?...* C'est elle seule qu'il s'agissait de CRÉER! je l'ai fait. Le reste dépend de toi. J'ai tenu parole! — Va, je n'ai précisé les liangs d'or et la dignité que je dédaigne que pour laisser mesurer à la magnificence du prix arraché à ta duplicité célèbre, l'épouvantable importance de mon imaginaire secret.

«Roi Tchë-Tang, moi, Tsë-i-la, qui, attaché, par tes ordres à ce poteau, exalte, devant la Mort terrible, la gloire de l'auguste Li-taï-pé, mon maître, aux pensées de lumière, — je te le déclare, en vérité, voici ce que te dicte la sagesse. — Rentrons le front haut, te dis-je, et radieux! Fais grâce, d'un cœur sous l'impression du Ciel! Menace d'être à l'avenir sans miséricorde. Ordonne des fêtes illuminées, pour la joie des peuples, en l'honneur de Fô (qui m'inspira cette ruse divine!) — Moi, demain, je disparaîtrai. J'irai vivre, avec l'élue de mon amour, dans quelque province heureuse et lointaine, grâce aux salutaires liangs d'or. — Le bouton de diamant des mandarins — que tout à l'heure je recevrai de ta largesse, avec tant de semblants d'orgueil, — je présume que je ne le porterai jamais; j'ai d'autres ambitions : je crois seulement aux pensées harmonieuses et profondes, qui survivent aux princes et aux royaumes; étant roi dans leur immortel empire, je n'ai que faire d'être prince dans les vôtres. Tu as éprouvé que les dieux m'ont donné la solidité du cœur et l'intelligence égale à celle, n'est-ce pas, de ton entourage? Je puis donc, mieux que l'un de tes grands, mettre la joie dans les yeux d'une jeune femme. Interroge Li-tien-Së, mon rêve! Je suis sûr qu'en voyant mes yeux, elle te le dira. — Pour toi, couvert d'une superstition protectrice, tu régneras, et si tu ouvres tes pensées à la justice, tu pourras changer la crainte en amour autour de ton trône raffermi. C'est là le secret des rois dignes de vivre! Je n'en ai pas d'autre à te livrer. — Pèse, choisis et prononce! J'ai parlé. »

Tsë-i-la se tut.

L'AVENTURE DE TSË-I-LA

Tchë-Tang, immobile, parut méditer quelques instants. Sa grande ombre silencieuse s'allongeait sur la porte de fer. Bientôt, il descendit vers le jeune homme — et, lui mettant les mains sur les épaules, le regarda fixement, au fond des yeux, comme en proie à mille sentiments indéfinissables.

Enfin, tirant son sabre, il coupa les liens de Tsë-i-la; puis, lui jetant son collier royal autour du cou :

— Viens, dit-il.

Il remonta les degrés du cachot et appuya sa main sur la porte de lumière et de liberté.

Tsë-i-la, que le triomphe de son amour et de sa soudaine fortune éblouissait un peu, considérait le nouveau présent du roi :

— Quoi! ces pierreries encore! murmurait-il : qui donc te calomniait? C'est plus que les richesses promises! — Que veut payer le roi, par ce collier?

—Tes injures! répondit dédaigneusement Tchë-Tang, en rouvrant la porte vers le soleil.

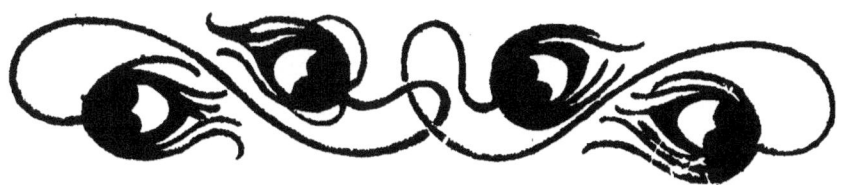

Le Tueur de Cygnes

A Monsieur Jean Marras.

« Les cygnes comprennent les signes. »
VICTOR HUGO. *Les Misérables* *.

À FORCE de compulser des tomes d'Histoire naturelle, notre illustre ami, le docteur Tribulat Bonhomet avait fini par apprendre que « *le cygne*

---

* Inutile (pensons-nous) d'ajouter qu'en cette authentique citation, ce n'est pas l'Auteur de *La Bouche d'ombre* qui parle, — mais simplement *l'un de ses personnages*. Il serait peu juste, en effet, d'attribuer à un Auteur *même*, les prud'homies, monstruosités blasphématoires ou vils jeux de mots — que, pour des raisons spéciales et peut-être hautes — il se résout, tristement, à prêter à certains Ilotes de son imagination.

chante bien avant de mourir ». — En effet (nous avouait-il récemment encore), cette musique seule, depuis qu'il l'avait entendue, l'aidait à supporter les déceptions de la vie et toute autre ne lui semblait plus que du charivari, du « Wagner ».

— Comment s'était-il procuré cette joie d'amateur ?
— Voici :

Aux environs de la très ancienne ville fortifiée qu'il habite, le pratique vieillard ayant, un beau jour, découvert dans un parc séculaire à l'abandon, sous des ombrages de grands arbres, un vieil étang sacré — sur le sombre miroir duquel glissaient douze ou quinze des calmes oiseaux, — en avait étudié soigneusement les abords, médité les distances, remarquant surtout le cygne noir, leur veilleur, qui dormait, perdu en un rayon de soleil.

Celui-là, toutes les nuits, se tenait les yeux grands ouverts, une pierre polie en son long bec rose, et, la moindre alerte lui décelant un danger pour ceux qu'il gardait, il eût, d'un mouvement de son col, jeté brusquement dans l'onde, au milieu du blanc cercle de ses endormis, la pierre d'éveil : — et la troupe à ce signal, guidée encore par lui, se fût envolée à travers l'obscurité sous les allées profondes, vers quelques lointains gazons ou telle fontaine reflétant de grises statues, ou tel autre asile bien connu de leur mémoire. — Et Bonhomet les avait considérés longtemps, en silence, — leur souriant, même. N'était-ce pas de leur dernier chant dont, en parfait dilettante, il rêvait de se repaître bientôt les oreilles?

Parfois donc, — sur le minuit sonnant de quelque automnale nuit sans lune, — Bonhomet, travaillé par une insomnie, se levait tout à coup, et, pour le concert qu'il avait besoin de réentendre, s'habillait spécialement. L'osseux et gigantal docteur, ayant enfoui ses jambes en de démesurées bottes de caoutchouc fourré, que continuait, sans suture, une ample redingote imperméable, dûment fourrée aussi, se glissait les mains en une paire de gantelets d'acier armorié, provenue de quelque armure du Moyen âge, (gantelets dont il s'était rendu l'heureux acquéreur au prix de trente-huit beaux sols, — une folie! —

chez un marchand de passé). Cela fait, il ceignait son vaste chapeau moderne, soufflait la lampe, descendait, et, la clef de sa demeure une fois en poche, s'acheminait, à la bourgeoise, vers la lisière du parc abandonné.

Bientôt, voici qu'il s'aventurait, par les sentiers sombres, vers la retraite de ses chanteurs préférés — vers l'étang dont l'eau peu profonde, et bien sondée en tous endroits, ne lui dépassait pas la ceinture. Et, sous les voûtes de feuillée qui en avoisinaient les atterrages, il assourdissait son pas, au tâter des branches mortes.

Arrivé tout au bord de l'étang, c'était lentement, bien lentement — et sans nul bruit! — qu'il y risquait une botte, puis l'autre, — et qu'il s'avançait, à travers les eaux, avec des précautions inouïes, tellement inouïes qu'à peine osait-il respirer. Tel un mélomane à l'imminence de la cavatine attendue. En sorte que, pour accomplir les vingt pas qui le séparaient de ses chers virtuoses, il mettait généralement de deux heures à deux heures et demie, tant il redoutait d'alarmer la subtile vigilance du veilleur noir.

Le souffle des cieux sans étoiles agitait plaintivement les hauts branchages dans les ténèbres autour de l'étang : — mais Bonhomet, sans se laisser distraire par le mystérieux murmure, avançait toujours insensiblement, et si bien que, vers les trois heures du matin, il se trouvait, invisible, à un demi-pas du cygne noir, sans que celui-ci eût ressenti le moindre indice de cette présence.

Alors, le bon docteur, en souriant dans l'ombre, grattait doucement, bien doucement, effleurait à peine, du bout de son index moyen âge, la surface abolie de l'eau, devant le veilleur!... Et il grattait avec une douceur telle que celui-ci, bien qu'étonné, ne pouvait juger cette vague alarme comme d'une importance digne que la pierre fût jetée. Il écoutait. A la longue, son instinct, se pénétrant obscurément de l'*idée* du danger, son cœur, oh! son pauvre cœur ingénu se mettait à battre affreusement : — ce qui remplissait de jubilation Bonhomet.

Et voici que les beaux cygnes, l'un après l'autre, troublés, par ce bruit, au profond de leurs sommeils, se étiraient onduleusement la tête de dessous leurs pâles ailes d'argent, — et, sous le poids de l'ombre de Bonhomet, entraient peu à peu dans une angoisse, ayant on ne sait quelle confuse conscience du mortel péril qui les menaçait. Mais, en leur délicatesse infinie, ils souffraient en silence, comme le veilleur, — ne pouvant s'enfuir, *puisque la pierre n'était pas jetée!* Et tous les cœurs de ces blancs exilés se mettaient à battre des coups de sourde agonie, — *intelligibles* et distincts pour l'oreille ravie de l'excellent docteur qui, — sachant bien, lui, ce que leur causait, *moralement*, sa seule proximité, — se délectait, en des prurits incomparables, de la terrifique sensation que son immobilité leur faisait subir.

— Qu'il est doux d'encourager les artistes! se disait-il tout bas.

Trois quarts d'heure, environ, durait cette extase, qu'il n'eût pas troquée contre un royaume. Soudain, le rayon de l'Étoile-du-matin, glissant à travers les branches, illuminait, à l'improviste, Bonhomet, les eaux noires et les cygnes aux yeux pleins de rêves ! le veilleur, affolé d'épouvante à cette vue, jetait la pierre... — Trop tard !... Bonhomet, avec un grand cri horrible, où semblait se démasquer son sirupeux sourire, se précipitait, griffes levées, bras étendus, à travers les rangs des oiseaux sacrés ! — Et rapides étaient les étreintes des doigts de fer de ce preux moderne : et les purs cols de neige, de deux ou trois chanteurs étaient traversés ou brisés avant l'envolée radieuse des autres oiseaux-poètes.

Alors, l'âme des cygnes expirants s'exhalait, oublieuse du bon docteur, en un chant d'immortel espoir, de délivrance et d'amour, vers des Cieux inconnus.

Le rationnel docteur souriait de cette sentimentalité, dont il ne daignait savourer, en connaisseur sérieux, qu'une chose, — LE TIMBRE. — Il ne prisait, musicalement, que la douceur singulière *du timbre de ces symboliques voix*, qui vocalisaient la Mort comme une mélodie.

Bonhomet, les yeux fermés, en aspirait, en son cœur, les vibrations harmonieuses : puis, chancelant, comme en un spasme, il s'en allait échouer à la rive, s'y allongeait sur l'herbe, s'y couchait sur le dos, en ses vêtements bien chauds et imperméables.

Et là, ce Mécène de notre ère, perdu en une torpeur voluptueuse, ressavourait, au tréfonds de lui-même, le souvenir du chant délicieux — bien qu'entaché d'une sublimité selon lui démodée — de ses chers artistes.

Et, résorbant sa comateuse extase, il en ruminait ainsi, à la bourgeoise, l'exquise impression jusqu'au lever du soleil.

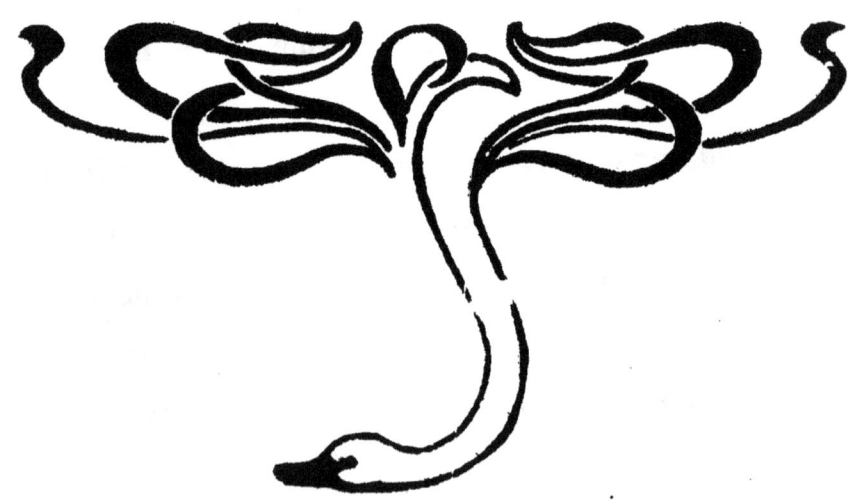

La Céleste Aventure

A Monsieur Gustave De Malherbe.

> « Jette le filet, tu prendras un gros poisson : dans sa gueule, tu trouveras une pièce d'argent ; elle payera l'*impôt* de César. »
>
> Nouveau Testament.

Maintenant que sœur Euphrasie, cette enfant divine, s'est enfuie dans la Lumière, pourquoi garder encore le mot *terrestre* du « miracle » dont elle fut l'éblouie ? Certes, la noble sainte — qui vient de s'endormir, à vingt-huit ans, supérieure d'un ordre de Petites-Sœurs des pauvres, fondé par elle, en Provence — n'eût pas été scandalisée d'apprendre le secret *physique* de sa soudaine vocation : la voyance de son humilité n'en eût pas été troublée un seul instant ; — toutefois, il sera mieux que je n'aie parlé qu'aujourd'hui.

A près d'un kilomètre d'Avignon s'élevait, en 1860, non loin d'atterrages verdoyants, en amont du Rhône, une bicoque isolée, d'aspect sordide ; ajourée, à son unique étage, d'une seule fenêtre à contrevents ferrés, elle s'accusait, bien en vue d'une protectrice caserne de gendarmerie — sise aux confins des faubourgs, sur la route.

Là, vivait depuis longtemps un vieil israélite qu'on nommait le père Mosé. Ce n'était pas un méchant juif, malgré sa face éteinte et son front d'orfraie dont un bonnet collant, d'étoffe et de couleur désormais imprécises, moulait et enserrait la calvitie. Encore vert et nerveux, d'ailleurs, il eût bien été capable de talonner d'assez près Ahasvérus, en quelques marches forcées. Mais il ne sortait guère et ne recevait qu'avec des précautions extrêmes. La nuit, tout un système de chausse-trapes et de pièges à loups le protégeait derrière sa porte mal fermée. Serviable, — surtout envers ses coreligionnaires, — aumônieux toutefois envers tous, il ne poursuivait que les riches, auxquels, seulement, il prêtait, préférant thésauriser. — De cet homme pratique et craignant Dieu, les sceptiques idées du siècle n'altéraient en rien la foi sauvage, et Mosé priait entre deux usures aussi bien qu'entre deux aumônes. N'étant pas sans un certain cœur étrange, *il tenait à rétribuer les moindres services.* Peut-être même eût-il été sensible au frais paysage qui s'étendait devant sa fenêtre, alors qu'il explorait, de ses yeux gris clair, les alentours... Mais une chose lointaine, établie sur une petite éminence et qui dominait les prés riverains en aval du fleuve, lui gâtait l'horizon. Cette *chose,* il en détournait la vue avec une sorte de gêne, d'ailleurs assez concevable, — une insurmontable aversion.

C'était un très ancien « calvaire », toléré, à titre de curiosité archéologique, par les édiles actuels. Il fallait gravir vingt et une marches pour arriver à la grosse croix centrale — qui supportait un Christ gothique, presque effacé par les siècles, entre les deux plus petites croix des larrons Diphas et Gesmas.

Une nuit, le père Mosé, les pieds sur une escabelle, penché, besicles au nez, le bonnet contre la lampe, sur une petite table couverte de diamants, d'or, de perles et de papiers précieux, devant sa fenêtre ouverte à l'espace, venait d'apurer des comptes sur un poudreux registre.

Il s'était fort attardé! Toutes les facultés de son être s'étaient si bien ensevelies en son labeur, que ses oreilles, sourdes aux vains bruits de la nature, étaient demeurées inattentives, durant des heures, à... certains cris lointains, nombreux, disséminés, effrayants, qui, toute la soirée, avaient troué le silence et les ténèbres. — A présent, une énorme lune claire descendait les bleues étendues et l'on n'entendait plus aucunes rumeurs.

— Trois millions!... s'écria le père Mosé, en posant un dernier chiffre au bas des totaux.

Mais la joie du vieillard, exultant au fond de son cœur qu'emplissait l'idéal réalisé, s'acheva en un frisson. Car — à n'en pas douter une seconde! — une glaciale sensation lui étreignait subitement les pieds :

si bien que, repoussant l'escabeau, il se releva très vite.

Horreur ! Une eau clapotante, dont la chambre était envahie, baignait ses maigres jambes ! La maison craquait. Ses yeux, errant au dehors, par la fenêtre, aperçurent, en se dilatant, l'immense environnement du fleuve couvrant les basses plaines et les campagnes : c'était l'inondation ! le débordement soudain, grossissant et terrible du Rhône.

— Dieu d'Abraham ! balbutia-t-il.

Sans perdre un instant, malgré sa profonde terreur, il jeta ses vêtements, sauf le pantalon rapiécé, se déchaussa, fourra, pêle-mêle, en une petite sacoche de cuir (qu'il se suspendit au cou), le plus précieux de la table, diamants et papiers, — songeant que, sous les ruines de sa masure, après l'événement, il saurait bien retrouver son or enfoui ! — Flac ! flac ! il arpentait la pièce, afin de saisir, sur un vieux coffre, une liasse de billets de banque déjà collés et trempés. Puis il monta sur l'appui de la fenêtre, prononça trois fois le mot hébreu *kadosch*, qui signifie « saint », et se précipita, se sachant bon nageur, à la grâce de son Dieu.

La bicoque s'écroula derrière lui, sans bruit, sous les eaux.

Au loin, nulle barque! — Où fuir? Il s'orientait vers Avignon; mais l'eau reculait maintenant la distance — et c'était loin, pour lui! Où se reposer? prendre pied?... Ah! le seul point lumineux, là-bas, sur la hauteur, c'était... ce calvaire, — dont les marches déjà disparaissaient sous le bouillonnement des ondes et le remous des eaux furieuses.

— Demander asile à cette image? Non! Jamais.

Le vieux juif était grave en ses croyances, et, bien que le danger pressât, bien que les idées modernes et les compromis qu'elles inspirent fussent loin d'être ignorés du morne chercheur d'Arche, il lui répugnait de devoir — ne fût-ce que le salut terrestre à... *ce qui était là.*

Sa silhouette, en cet instant, se projetant sur les eaux où tremblaient des reflets d'étoiles, eût fait songer au déluge. Il nageait au hasard. Soudain une réflexion sinistre et ingénieuse lui traversa l'esprit :

— J'oubliais, se dit-il en soufflant (et l'eau découlait

des deux pointes de sa barbe), j'oubliais qu'après tout il y a là ce pauvre de « mauvais larron!... » Ma foi, je ne vois aucun inconvénient à chercher refuge auprès de cet excellent Gesmas, en attendant qu'on vienne me délivrer!

Il se dirigea donc, tous scrupules apaisés, et en d'énergiques brassées, à travers les houleuses volutes des ondes et dans le beau clair de lune, vers les Trois-croix.

Celles-ci, au bout d'un quart d'heure, lui apparurent, colossales, à une centaine de mètres de ses membres à demi congelés et ankylosés. Elles se dressaient, à présent, sans support visible, sur les vastes eaux.

Comme il les considérait, haletant, cherchant à discerner, à gauche, le gibet de ses préférences, voici que les deux croix latérales, plus frêles que celle du milieu, craquèrent, pressées par le cours du Rhône, et que le bois vermoulu céda, et qu'en une sorte d'épouvantée, de noire salutation, toutes deux s'abattirent en arrière, dans l'écume, silencieusement.

Mosé demeura sans s'avancer, et hagard, devant ce

spectacle : il faillit enfoncer et cracha deux gorgées.

Maintenant, la grande Croix seule, *spes unica*, découpait son signe suprême sur le fond mystérieux du firmamental espace; elle proférait son pâle Couronné d'épines, cloué, les bras étendus, les yeux fermés.

Le vieillard, suffoqué, presque défaillant, n'ayant plus que le seul instinct des êtres qui se noient, se décida, désespérément, à nager, quand même, vers l'emblème sublime, son or à sauver triplant ses dernières forces et le justifiant à ses yeux qu'une imminente agonie rendait troubles! — Arrivé au pied de la Croix, — oh! ce fut de mauvaise grâce (hâtons-nous de le dire à sa louange) et en éloignant sa tête le plus possible, qu'il se résigna, l'échappé des eaux, à saisir et entourer de ses bras l'arbre de l'Abîme, celui qui, écrasant de sa base toute raison humaine, partage, en quatre inévitables chemins l'Infini.

Le pauvre riche prit pied; l'eau montait, le soulevant à mi-corps : autour de lui la diluviale étendue muette...

— Oh! là-bas! une voile! une embarcation!

Il cria.

L'on vira de bord : on l'avait aperçu.

A cet instant même, un ressaut du fleuve (quelque barrage se brisant dans l'ombre) l'enleva, d'une grosse envaguée, jusqu'à la Plaie du côté. Ce fut si terrible et si subit qu'il eut à peine le temps d'étreindre, corps à corps et face à face, l'image de l'Expiateur! et de s'y suspendre, le front renversé en arrière, les sourcils contractant leurs touffes sur ses regards perçants et obliques, tandis que remuaient en avant, toutes frémissantes, les deux pointes en fourche de sa barbe grise. Le vieil israélite, entrelacé, à califourchon, à Celui qui pardonne, et ne pouvant lâcher prise, regardait de travers son « sauveur ».

— Tenez ferme! Nous arrivons! crièrent des voix déjà distinctes.

— Enfin!... grommela le père Mosé, que ses muscles horrifiés allaient trahir; mais... voici un service rendu par quelqu'un... dont je n'en attendais pas! Ne voulant rien devoir à personne, il est juste que je le rétribue... comme je rétribuerais un vivant. Donnons-lui donc ce que je donnerais... à un homme.

Et, pendant que la barque s'approchait, Mosé, dans son organique zèle de faire ce qu'il pouvait pour s'acquitter, fouilla sa poche, en retira une pièce d'or — qu'il enfonça gravement et de son mieux entre les deux doigts repliés sur le clou de la main droite.

— Quittes! murmura-t-il, en se laissant tomber, presque évanoui, entre les bras des mariniers.

La peur bien légitime de perdre sa sacoche le maintint ferme jusqu'à l'atterrage d'Avignon. Le lit chauffé d'une auberge, l'y réconforta. Ce fut en cette ville qu'il s'établit un mois après, ayant recouvré son or sous les décombres de son ancien logis, et ce fut là qu'il s'éteignit en sa centième année.

Or, en décembre de l'année qui suivit cet incident insolite, il arriva qu'une jeune fille du pays, une très pauvre orpheline d'un charmant visage, Euphrasie ***, ayant été remarquée par de riches bourgeois de la Vaucluse, ceux-ci, déconcertés par ses refus inexplicables, résolurent, dans son intérêt, de la prendre par la famine. Elle fut donc bientôt congédiée, par leurs soins, de l'ouvroir où elle gagnait le franc quotidien de sa subsistance et de sa bonne humeur, en échange de onze heures, seulement, de travail (l'ouvroir étant tenu par une famille des plus recommandables de la ville). Elle se vit également renvoyée, le jour même, du réduit où elle remerciait Dieu matin et soir; car, il faut être juste, l'hôtelier, qui avait des enfants à établir, ne devait pas, ne *pouvait* pas, en sérieuse conscience, s'exposer à perdre les six beaux francs mensuels du cellulaire galetas qu'elle occupait chez lui. « Si honnête qu'elle fût, » lui dit-il, « ce n'est pas avec du sentiment qu'on paye les contributions »; et d'ailleurs, peut-être était-ce « *pour son bien, à elle* », ajouta-t-il en clignant de l'œil, « qu'il devait se montrer rigoureux. » En sorte que, par un crépuscule d'hiver où le tintement clair des *Angelus* passait dans le vent, la tremblante enfant infortunée marchait à travers les rues de neige et, ne sachant où aller, se dirigea vers le calvaire.

Là, poussée très probablement par les anges, dont les ailes soulevèrent ses pas sur les blancs degrés, elle s'affaissa au pied de la Croix profonde, heurtant de son corps le bois éternel, en murmurant ces ingénues paroles : — « Mon Dieu, secourez-moi d'une petite aumône, ou je vais mourir ici. »

Et, chose à stupéfier l'entendement, voici que, de la main droite du vieux Christ, vers qui les yeux de la suppliante s'étaient levés, une pièce d'or tomba sur la robe de l'enfant, — et que ce choc, avec la sensation douce et jamais troublante d'un miracle, la ranima.

C'était une pièce déjà séculaire, à l'effigie du roi Louis XVI, et dont l'or jauni luisait sur la jupe noire de l'élue. Sans doute, aussi, quelque chose de Dieu, tombant, en même temps, dans l'âme virginale de cette enfant du ciel, en raffermit le courage. Elle prit l'or, sans même s'étonner, se leva, baisa, souriante, les pieds sacrés — et s'enfuit vers la ville. Ayant remis à l'aubergiste raisonnable les six francs en question, elle attendit le jour, là-haut, dans sa couchette glacée, mangeant son pain sec dans la nuit, l'extase dans le cœur, le Ciel dans les yeux, la simplicité dans l'âme. Dès le jour suivant, pénétrée de la force et de la clarté vivantes, elle commença son œuvre sainte à travers les refus, les portes fermées, les malignes paroles, les menaces et les sourires.

Et son œuvre de lumière fut fondée.

Aujourd'hui, la jeune bienheureuse vient de s'envoler en sa réalité, victorieuse des ricanantes saletés de la terre, toute radieuse du « miracle » que CRÉA sa foi, de concert avec Celui qui permet à toutes choses d'apparaître.

Le jeu des graces

A Monsieur Victor Wilder.

> — Oh ! cela n'empêche pas les sentiments !...
> Stéphane MALLARMÉ (*Entretiens*).

ES feux d'or du soir, au travers de moutonneuses nuées mauves, poudraient d'impalpables pierreries les feuilles d'assez vieux arbres, ainsi que d'automnales roses, à l'entour d'une pelouse encore mouillée d'orage : le jardin s'enfonçait entre les murs tendus de lierre des deux maisons voisines ; une grille aux pointes dorées le séparait de la rue, en ce quartier tranquille de Paris. Les rares passants pouvaient donc entrevoir, au fond de ce jardin, la façade avenante de la demeure, et, dans une pénombre, le perron, surélevé de trois marches, sous sa marquise.

Or, perdues en les lueurs de cette vesprée, sur le gazon, jouaient, au *Jeu des Grâces*, trois enfants blondes, — oh! quatorze, douze et dix ans à peine, innocence! — Eulalie, Bertrande et Cécile Rousselin, quelque peu folâtres en leurs petites robes d'orléans noire. Riant de plaisir, en ce deuil, — n'était-ce pas de leur âge ? — elles se renvoyaient, du bout de leurs bâtonnets d'acajou, de courts cerceaux de velours rouge festonnés de liserons d'or.

Elle avait aimé feu son époux, — ayant conquis, d'ailleurs, à ses côtés, dans le commerce des bronzes d'art, une aisance, — la belle madame Rousselin! Séduisante, économe et tendre, perle bourgeoise, elle s'était retirée avec ses filles, en cette habitation, depuis les dix mois et demi d'où datait son sévère veuvage, qu'elle présumait éternel.

Jamais, en effet, son mari ne lui avait semblé plus « sérieux » que depuis qu'il était mort. Cet accident l'avait solennisé, pour ainsi dire, aux yeux en larmes de l'aimable veuve. Aussi, avec quelle tendresse triste se plaisait-elle à venir, toutes les quinzaines environ, suspendre (de concert avec ses trois charmantes filles), de sentimentales couronnes aux murs blancs du caveau neuf! murs que, par prévoyance, elle avait fait clouter du haut en bas! Sur ces couronnes se lisaient, en majuscules ponctuées de pleurs d'argent, des *A mon petit papa chéri!* des *A mon époux bien-aimé!* — Lorsqu'à de certains anniversaires, plus intimes, elle venait seule au champ du Repos, c'était avec un air indéfinissable et presque demi-souriant que, nouvelle Artémise, munie ce jour-là d'une couronne spéciale, à son usage, elle accrochait celle-ci à des clous isolés : sur les immortelles, semées alors de myosotis, on pouvait lire en caractères tortillés et suggestifs, ces deux mots du cœur : « *Souviens-toi!* » Car, même avec les défunts, les femmes ont de ces exquises délicatesses où l'imagination plus grossière de l'homme perd complètement pied, — mais auxquelles il serait à parier, quand même, que les trépassés ne sont pas insensibles.

Toutefois, comme c'était une femme d'ordre, chez qui le sentiment n'excluait pas le très légitime calcul d'une ménagère, la belle Mme Rousselin, dès le premier trimestre, avait remarqué le prix auquel revenaient, achetées au détail, ces pâles couronnes, si vite fanées par les intempéries; et, séduite par diverses annonces des journaux qui mentionnaient la découverte de nouvelles couronnes funèbres, inoxydables, obtenues par le procédé galvanoplastique, résistantes même à l'oubli, — couronnes modernes par excellence! — elle en avait acheté, en gros, quelques douzaines, qu'elle conservait, au frais, dans la cave, et qui défrayaient, depuis, les visites bimensuelles au cher décédé.

Soudain, les trois enfants, dont les boucles vermeilles, alanguies en *repentirs,* sautillaient sur les noirs corsages, cessèrent de s'ébattre sur l'herbe en fleurs, car, au seuil du perron, et poussant la porte vitrée, venait d'apparaître l'épouse, la grave maman tout en deuil, blonde aussi et déjà pâlie de son abandon. Elle tenait, justement, à la main, trois de ces couronnes légères et solides, nouveau système, qu'elle laissa tomber, auprès de la rampe, sur la table verte du jardin, comme pour appuyer de leur impression les paroles suivantes :

— Et que l'on se recueille maintenant, mesdemoiselles! Assez de récréation : oubliez-vous que, demain, nous devons aller rendre visite à... celui qui n'est plus?

Sûre d'être obéie (car, au point de vue du cœur, ses jeunes anges avaient, elle ne l'ignorait pas, de qui tenir), la belle Mᵐᵉ Rousselin rentra, sans doute afin de soupirer plus à l'aise en la solitude retirée de sa chambre.

A ces mots et aussitôt seules, Eulalie, Bertrande et Cécile Rousselin, — dont les rires s'étaient envolés plus loin que les oiseaux du ciel, — vinrent, à pas lents, méditatives, s'asseoir et s'accouder autour de la table.

Après un silence :

— C'est pourtant vrai! pauvre père! dit à voix basse Eulalie, la jolie aînée, déjà rêveuse.

Et, prenant un *A mon époux bien-aimé,* elle en considéra, distraitement, l'inscription.

— Nous l'aimions tant! gémit Bertrande, aux yeux bleus — où brillaient des larmes.

Sans y prendre garde, imitant Eulalie, elle tournait entre ses doigts, et le regard fixe, un *A mon petit papa chéri*.

— Pour sûr qu'on l'aimait bien! s'écria la pétulante cadette Cécile qui, follement énervée encore du jeu quitté et comme pour accentuer, à sa manière, la sincérité naïve de son effusion, fit étourdiment sauter en l'air le *Souviens-toi!* qui restait.

Par bonheur, l'aînée, qui tenait encore ses baguettes, y reçut, et à temps, la plaintive couronne, laquelle s'y encercla d'abord, — puis, grâce à un mouvement d'inadvertance provenu de l'entraînante vitesse acquise, le *Souviens-toi!* s'échappant des bâtonnets, fut recueilli de même par Bertrande, après s'être croisé en l'air avec l'*A mon petit papa chéri!* — et l'*A mon époux bien-aimé!* que Cécile, bien malgré elle, n'avait pu se défendre de lancer vers ses sœurs.

De sorte que, l'instant d'après — et peut-être en symbole des illusions de la vie, — les trois ingénues, peu à peu de retour sur la pelouse, substituaient à leurs cerceaux dorés ce nouveau *Jeu des Grâces,* et, inconscientes déjà, se renvoyaient, mélancoliquement, aux derniers rayons du soleil, ces *inaltérables* attributs de la sentimentalité moderne.

La Maison du bonheur

> Là, tout n'est qu'ordre et beauté,
> Luxe, calme et volupté !
>
> (Charles Baudelaire. *L'Invitation au voyage*).

Deux beaux êtres humains se sont rencontrés à cette heure des années qui précède le tomber merveilleux de l'automne ; à cette heure où, — telle que, sur de riches forêts, après une ondée d'orage, l'étoile du soir, — la Mélancolie se lève, illuminant de mille teintes magiques toutes les âmes bien nées.

Autrefois, — ô souvenances déjà lointaines ! — ces deux âmes, dès les premières aurores, apparurent natalement blanches et douées, à l'état nostalgique, d'une sorte de languide passion pour les seules choses du Ciel. — On eût dit d'éternels enfants, destinés à mourir comme les oiseaux s'envolent et que le lis du matin serait la seule fleur oubliable sur leurs chastes tombes.

Mais ils étaient prédestinés à vivre, — et l'Humanité est venue avec ses luttes et ses stupeurs.

Elle et lui, l'un de l'autre isolés par le hasard des villes et des contrées, grandirent, en des milieux parallèles, sans se rencontrer jamais.

Au cours de l'existence, et sous tous les cieux, ils eurent donc à subir le salut des passants polis, aux yeux sourieurs, aux airs sagaces, aux admirations officielles, aux jugements d'emprunt, aux préoccupations oiseuses, aux riens compassés, aux cœurs uniquement lascifs, aux politiques visées, aux calomnieux éloges, — et dont les présences, très distinguées, dégagent une odeur de bois mort.

Ah! c'est que tous deux avaient, comme nous, reçu le jour au sein triste de ces nations occidentales, lesquelles, sous couleur d'établir, enfin, sur la terre, le règne « régulier » de la Justice, vont, se dénuant, à plaisir, de ces instincts de l'en-Haut — qui, seuls, constituent l'Homme réel, — et préfèrent s'aventurer *librement*, désormais, au gré d'une Raison désespérée, à travers les hasards et les phénomènes, en payant chaque « découverte » d'un endurcissement plus sourd du cœur.

Au spectacle environnant de cet effort moderne, le plus sage, humainement, — aux yeux, du moins, des gens du « monde », — ne serait-ce pas de se laisser vivre, en vagues curieux, n'acceptant des années que les sensualités intellectuelles ou physiques, et sans autres passions que celle du plus commode éclectisme ?

Cependant, Paule de Luçanges, ainsi que le duc Valleran de la Villethéars, dès leur juvénilité, commencèrent à ressentir beaucoup d'étonnement de faire partie d'une espèce où le dépérissement de toute foi, de tous désintéressés enthousiasmes, de tout amour noble ou sacré, menaçait de devenir endémique.

Aucuns passe-temps ne pouvaient les distraire de l'humiliant déplaisir qu'ils en éprouvèrent, encore presque enfants, sans, toutefois, le laisser transparaitre, à cause d'une sorte de charité très douce dont ils étaient essentiellement pénétrés. Paule, svelte, en sa beauté d'Hypatie chrétienne, était de la race de ces mondaines aux cœurs de vestales qui, préservées mieux que les Sand, les Sapho, les Sévigné, même, ou les Staël, de la vanité d'écrire, gardent, très pure, la lueur virginale de leur inspiration pour un seul élu. Lui ne se distinguait, en apparence, du commun des personnes de bonne compagnie que, — parfois, — par un certain coup d'œil bref, très pénétrant, un peu fixe et dont l'indéfinissable impression dissolvait ou inquiétait autour de lui les plus banales insouciances.

Tous deux, ainsi, voilaient, sous les irréprochables dehors qu'imposent les convenances aux êtres bien élevés, les géniales facultés de méditation dont leur Créateur avait doté leurs esprits solitaires. Et, de jour en jour, ces singuliers adolescents, — autant que les despotiques devoirs d'un rang dont ils s'honoraient le leur pouvaient permettre, — s'éloignaient de ces mille distractions si chères, d'habitude, à la jeunesse élégante.

Ne perdaient-ils pas les heures dorées de leur printemps en de trop songeuses et sans doute stériles réflexions touchant... par exemple, ces nébuleux problèmes, — réputés insignifiants, ennuyeux ou insolubles — et auxquels, cependant, une bizarre particularité de conscience les contraignait de s'intéresser?

— Peut-être.

— Mais il leur apparaissait qu'autour d'eux, par exemple, l'Esprit de nos temps en travail, — qui s'efforce d'enfanter, pour la gloire d'un prestigieux Avenir, le monstre d'une chimérique Humanité décapitée de Dieu — les mettait en demeure, eux aussi, en ce qui concernait l'*humain* de leurs êtres, d'opter, au plus secret de leurs pensées, entre leurs ataviques aspirations... et Lui.

Le récent idéal — (ce progressif Bien-être, toujours proportionnel aux nécessités des pays et des âges et dont chaque degré, suscitant des soifs nouvelles, atteste l'*Illusoire* indéfini... par conséquent la fatale démence d'y confiner notre But suprême...) — ne sut éveiller en leurs intelligences qu'une indifférence vraiment absolue. L'orgueilleux bagne d'une telle finalité ne pouvait, en effet, séduire ou troubler, même un instant, ces deux consciences qui, tout éperdues de Lumière et d'humilité, se souvenaient de leur origine. Et ces réalités de bâtons flottants — en qui se résolvent, d'ordinaire, les fascinants mirages à l'aide desquels le vieil opium de la Science dessèche les yeux des actuels vivants, — ces « conquêtes de l'Homme moderne », enfin, leur semblaient infiniment moins utiles que mortellement inquiétantes, — étant remarqués, surtout, le quasi-simiesque atrophiement du Sens-surnaturel qu'elles coûtent... et l'espèce d'ossification de l'âme qu'elles entraînent. Imbus d'un atavisme QUI, EN RÉALITÉ, COMMENÇAIT A DIEU, ils se fussent (oh! même affamés!) refusés, d'instinct, certes! à céder, malgré l'exemple, les droits sacrés de leur ainesse consciente contre toutes les pâtées de lentilles vénéneuses dont un périssable Actualisme eût tenté de séduire leur inanition. Quant à cet Avenir, dont une église de rhéteurs têtus prophétisait la perdurable et sublime rutilance, ces deux jeunes gens hésitaient à s'infatuer au point de par trop oublier, aussi, qu'en fin de compte, — (ne fût-ce qu'au témoignage criard de ces vingt-six changements à vue dont ne cesse de nous assourdir, sous nos pieds, la menaçante géologie, — et en passant même sous silence les fort troublantes révélations de l'astronomie moderne,) — l'univers attesta, maintes fois, inopinément, être une salle trop peu sûre pour que l'on dût caresser une minute l'idée de jamais pouvoir s'y installer définitivement.

En sorte que tout le clinquant intellectuel de la Science, toutes les boîtes de jouets dont se paye l'âge mûr de l'Humanité, tous les bondissements désespérés des impersuasives métaphysiques, tout l'hypnotisme d'un Progrès — si magnifiquement naturel, éclairé par la providence d'un Dieu révélé et, sans lui d'une vanité si poignante, — non, tout cela ne leur paraissait pas aussi *sérieux*, ni aussi *utile*, en substance, que le tout simple et natal regard de l'Homme vers le Ciel.

Socialement, toutefois, il leur était difficile, en eux-mêmes, de condamner, à l'étourdie, l'évidence de cet effort de tous vers la grande Justice, — vers une équité meilleure, enfin, que celle dont se lamente le Passé. Mais les résultats très précis, obtenus en appliquant ces théories humanitaires, — empruntées, d'ailleurs, à l'éternel Christianisme, — semblaient jusqu'à présent, — il fallait bien se l'avouer, — singulièrement en désaccord avec les admirables intentions de leurs partisans. Comment ne pas reconnaître, en effet, que les plus libres, les plus fiers et les plus jaloux de la Liberté, parmi les peuples, sont ceux-là même qui, les longs fouets ensanglantés aux poings, supplicient le plus leurs esclaves, savent humilier le mieux leurs pauvres et, entre les forfaits à commettre, ne préfèrent, *jamais*, que les plus vils?

Comment éviter, par tous pays, le spectacle de ces triomphantes lupercales où les majorités — au patriotisme si lucratif, aux éloquences foraines, —

exultent si gravement, et dont la sereine servilité, — giratoire seulement aux uniques souffles de ces trahisons écœurantes, philosophiquement situées au-dessous de toute pénalité comme de tout dédain, — affirme outre mesure en quelle désespérante inanité s'aplatissent les révolutions? Et, pour conclure, comment ne pas comprendre, sans effort, qu'étant donnée la loi de l'innée disproportion des intelligences, en leur diversité d'aptitudes, le prétendu règne d'une Justice purement humaine ne saurait être jamais que la tyrannie du Médiocre, s'autorisant, gaiement, de quoi? du *nombre!* pour imposer l'abaissement à ceux dont le génie, constituant, seul, l'entité même de l'Esprit-Humain, a, seul, de droit *divin,* qualité pour en déterminer et diriger les légitimes tendances !

— Mais, sans daigner juger la mode actuelle des idées septentrionales, le noble songeur et la belle songeuse, détournant les yeux, autant qu'ils le pouvaient, de l'énigmatique performance terrestre, résumaient toujours leurs méditations en cet ensemble de pensées :

— *Qu'importe à la Foi réelle le vain scandale de*

ces poignées d'ombres, demain disparues pour faire place à d'équivalents fantômes?

Qu'importe qu'elles détiennent aujourd'hui, comme hier, comme demain, l'écorce matérielle d'un Pouvoir dont l'essence leur est inaccessible? Nul ne peut posséder d'une chose que ce qu'il en éprouve. Si cette chose est belle, noble, — enfin, divine d'origine, et qu'il soit, lui, d'essence vile, — c'est-à-dire d'une prudence d'instincts nécessairement abaissante, — la beauté, la noblesse, la divinité de cette chose, s'évanouissant immédiatement au seul contact du violateur, il n'en possédera que son intentionnelle profanation, — bref, il n'y retrouvera, comme en toutes choses, que la vilainie même de son être, que l'écœurante, éclairée et bestiale médiocrité de son être : rien de plus. — Donc il n'y a pas lieu de s'en irriter.

Tels, s'attristant, peut-être, quelque peu, de ces fatalités de leur époque, — mais sans oublier qu'il fut des siècles pires, — et se recueillant, chaque jour, en ces visions que l'Art le plus élevé sait offrir aux cœurs chastes et solitaires, ces deux promis de l'Espérance, au défi des années, s'attendaient.

Cette disparité de nature entre eux et la plupart des dignes vivants de nos régions, ils ne l'avaient pas constatée au début de la vie. Non. Ces êtres d'*au-delà* s'étaient refusés longtemps à se rendre — même aux évidences les plus affreuses, ou, les considérant comme passagères, les avaient pardonnées avec une indulgence jamais lassée. Les regards encore éblouis de reflets antérieurs à leurs yeux charnels, comment eussent-ils démêlé, à première vue, de quel enfer foncier se constitue la banalité sociale ! C'est pourquoi leur sensibilité crédule, toute imbue d'angéliques larmes, fut incessamment surprise, alors, et partagea mille mensongères — ou si médiocres « douleurs », que celles-ci étaient indignes d'un tel nom. Longtemps il suffit, autour d'eux, de *sembler* dans une affliction pour que ces cœurs inextinguibles devinssent réchauffants, — et prodigues ! et consolateurs !... Ah ! se dévouer, s'oublier ! quelle joie d'anges penchés sur ceux que l'on abandonne ! Qu'importe si, le plus souvent, ceux-ci ne daignent se souvenir des « anges » que pour en critiquer, toujours un peu tard, l'humiliante irréalité !

Ainsi rayonna leur charité, ce passe-temps divin des justes, — même sur ces assoiffés d'amusements dont le propre est de témoigner une sorte de rabique aversion au seul ressentir, même obscur, de toutes approches d'âmes souveraines, tant l'idée seule que celles-ci puissent encore exister leur semble insupportable, fatigante et révoltante. Oui, tous deux eurent la bienveillance de toujours se tenir éloignés de ce genre de personnes, pour leur épargner l'ennui de cette sensation toute naturelle.

Mademoiselle de Luçanges et le duc de la Villethéars subirent donc, chacun de leur côté, cette existence, jusqu'au jour mortel où, tous deux, presque en même temps, s'aperçurent que les suffocantes bouffées — émanant des lourds ébats de cette Médiocrité universelle — avaient répandu la contagion jusque sur leurs proches, leurs frères, leurs « égaux », — la plupart de leurs princes et de leurs prêtres !...

Alors un froissement terrible d'âme les glaça, leur

causa cette sorte de lassitude sévère qu'un Dieu-martyr seul peut surmonter devant le reniement de son disciple. Humiliés de se sentir quand même solidaires de cet envahissement si près d'eux monté, une tentation d'inespérance les prit, troubla leurs cœurs sacrés et peu s'en fallut qu'elle n'assombrît même, au plus secret de leurs croyances, jusqu'au sentiment de Dieu.

Elle ni lui n'étaient, en effet, du nombre de ces esprits-créateurs, trempés de manière à tenir tête fût-ce au scandale de toute l'Humanité et dont le fulgurant souffle d'infini refoulerait les plus rugissantes rafales : ce n'étaient que deux exquises intelligences, merveilleusement douées, — que cette qualité d'épreuve fit fléchir, comme deux fleurs sous la pluie.

Ils ne se plaignirent pas. — Seulement, ce devinrent, bientôt, deux âmes en deuil, désenchantées même du sacrifice et dont aucune fête ne pouvait augmenter ou diminuer le royal ennui amer.

Maintenant ils n'ont plus soif que d'exils. — « Plaindre ? Comment juger ! Que sert, d'ailleurs ? Instants perdus. »

Un besoin d'adieux les étouffe, et voilà tout. Ils pensent avoir gagné le droit d'oublier. A peine s'ils daignent voiler parfois, sous la pâleur d'un sourire, leur indifférence morose. Devenus d'une clairvoyance inconsolable, ils portent en eux leur solitude. Ne pouvant plus se laisser décevoir, entre eux et la foule sociale la misérable comédie est terminée.

Aussi, dès l'instant conjugal où le Destin les a mis en présence, ils se sont reconnus, d'un regard, et se sont aimés, sans paroles, de cet irrésistible amour, trésor de la vie. — Oh! s'exiler en quelque nuptiale demeure, pour sauver du désastre de leurs jours au moins un automne, une délicieuse échappée de bonheur aux teintes adorablement fanées, une mélancolique embellie! — Jaloux de leur secret, sûrs de leurs pensées, ils se sont écrit. Dispositions prises, ils partent, ils disparaissent, — devant se retrouver, non dans un de leurs lourds châteaux, où des visiteurs, encore... — mais en cette retraite bien inconnue qu'ils ont choisie et noblement ornée, au goût de leurs âmes, pour y cacher leur saison de paradis.

La maison du Bonheur domine une falaise, là-bas, au nord de la France, puisqu'enfin c'est la patrie! Elle est enclose des murs verdoyants d'un grand jardin, formé d'une pelouse, tout en fleurs, au centre de laquelle, entre des saules et de grises statues, retombe, en un bassin de marbre, l'élancée fusée de neige d'un jet d'eau.

Deux latérales allées de très hauts arbres obscurs se prolongent solitairement. La solennité, le silence de cette habitation sont doux et inquiétants comme le crépuscule. Là, c'est un tel isolement des choses! — Un rayon de l'Occident, sur les fenêtres — empourprées tout à coup — de la blanche façade, — la chute d'une feuille qui, de la voûte d'une allée, tombe, en tournoyant, sur le sable, — ou quelque refrain de pêcheur, au loin, — ou telle fuite plus rapide des nuages de mer, — ou la senteur, soudain plus subtile, d'une touffe de roses mouillées qu'effleure un oiseau perdu, — mille autres incidences, ailleurs imperceptibles, semblent, ici, comme des avertissements tout à fait *étranges* de la brièveté des jours.

Et, lorsqu'ils en sont témoins, en leurs promenades, les deux exilés! alors qu'une causerie heureuse unit leurs esprits sous le charme d'un mutuel abandon, voici qu'ils tressaillent, ils ne savent pourquoi! Pensifs, ils s'arrêtent : le ton joyeux de leurs paroles est dissipé!... Qu'ont-ils donc entendu? Seuls, ils le savent. Ils se pressent, l'un à l'autre, la main, comme troublés d'une sensation mortelle! Et le visage de la bien-aimée s'appuie, languissamment, sur l'épaule de son ami! Deux larmes tremblent entre ses cils, et roulent sur ses joues pâlissantes.

Et, quand le soir bleuit les cieux, un serviteur taciturne, ancien dans l'une de leurs familles, vient allumer les lampes dans la maison.

— Mais la bien-aimée, — les femmes sont ainsi, — se plait à s'attarder, par les fleurs, sur la pelouse, au baiser de quelque corolle déjà presque endormie. Puis, ils rentrent ensemble.

— Oh! ce parfum d'ébène, de fleurs mortes et d'ambre faible, qu'exhale, dès le vestibule, la douce demeure! Ils se sont complus à l'embellir, jusqu'à l'avoir rendue un véritable reflet de leurs rêves!

Auprès des tentures qui en séparent les pièces, des marbres aux pures lignes blanches, des peintures de forêts, et, suspendus aux tapisseries anciennes des murailles, des pastels, dont les visages sont pareils à des amies défuntes et inconnues. Sur les consoles, des cristaux aux tons de pierres précieuses, des verreries de Venise aussi, aux couleurs éteintes. Çà et là, cloués en des étoffes d'Orient, luisent, en éclairs livides, incrustés d'un très vieil or, des trophées d'armes surannées. — Dans les angles, de grands arbustes des Iles. Là, le piano d'ébène, dont les cordes ne résonnent, comme les pensées, que sous des harmonies belles et divines; puis, sur des étagères, ou laissés ouverts sur la soie mauve des coussins, des livres aux pages savantes et berceuses, qu'ils relisent ensemble et dont les ailes invitent leurs esprits vers d'autres mondes.

Et, comme nul ne possède, en effet, que ce qu'il éprouve, et qu'ils le savent, — et que ce sont deux chercheurs d'impressions inoubliables, ils vivent là des soirées dont le charme oppresse leurs âmes d'une sensation intime et pénétrante de leur propre éternité. Souvent, en regardant l'ombre des objets sur les tentures séculaires, ils détournent les yeux, sans cause intelligible. Et les sculptures sombres, à l'entour de quelque grand miroir, — dont l'eau bleuâtre reflète le scintillement, tout à coup, d'un astre, à travers les vitres, — et l'inquiétude du vent, froissant, au dehors, dans l'obscurité, les feuilles du jardin, — et les solennelles, les indéfinissables anxiétés qu'éveille en eux, lorsque l'heure sonne distincte et sonore, le mystère de la nuit, — tout leur parle, autour d'eux, cette langue immémoriale du vieux songe de la vie, qu'ils entendent sans peine, grâce à leur recueillement sacré. Tels, ne laissant point la dignité de leurs êtres se distraire de cette pensée qu'ils habitent ce qui n'a ni commencement ni fin, ils savent grandir, de toute la beauté de l'Occulte et du Surnaturel, — dont ils acceptent le sentiment, — l'intensité de leur amour.

Ainsi, prolongeant les heures, délicieusement, en causeries exquises et profondes, en étreintes où leurs corps ne seront plus que celui d'un Ange, en suggestives lectures, en chants mystérieux, en joies délicieuses, ils puiseront de toujours nouvelles sensations de plus en plus vibrantes, extra-mortelles ! en cette solitude — qu'un si petit nombre de leurs « semblables » se soucierait de jalouser. Incarnant, enfin, toute la poésie de leurs intelligences dans sa plus haute réalisation, leurs aurores, et leurs jours — et leurs soirs, et leurs nuits seront des évocations de merveilles. Leurs cœurs, passionnés d'idéal autant que d'éperdus désirs, s'épanouiront comme deux mystiques roses d'Idumée, satisfaites d'embaumer les hauteurs natales à quelque vague distance même, hélas ! des Jérusalem, — en Terre-Sainte, pourtant.

De même que, libres, ils ont distribué, simplement et de la manière la plus discrète, la presque totalité de leurs vastes et austères fortunes à de ces déshérités — qu'en véritables originaux ils se sont donné la peine de chercher avec un choix patient, — de même, hostiles à toutes emphases, ils n'ont éprouvé nullement, le besoin de se « jurer » qu'ils ne se survivraient pas l'un à l'autre. Non. — Seulement, ils savent très bien à quoi s'en tenir là-dessus.

Au parfait dédain de tout ce qui les a déçus, loin du désenchantement brillant de leur monde d'autrefois, ils ont jeté, d'un regard, à leur ex-entourage, oublié déjà, l'adieu glacé, suprême, claustral, que la mélancolie de leur joie grave ne regrettera jamais. Ils sont ceux qui ne s'intéressent plus. Ayant compris, *une fois pour toutes*, de quelle atroce tristesse est fait le rire moderne, de quelles chétives fictions se repait la sagesse purement *terre à terre*, de quels bruissements de hochets se puérilisent les oreilles des triviales multitudes, de quel ennui désespéré se constitue la frivole vanité du mensonge mondain, ils ont, pour ainsi dire, fait vœu de se contenter de leur bonheur solitaire.

Oui, ces augustes êtres (exceptionnels!), s'estimant avoir gagné la paix, sauront conserver inviolable la magie de leur isolement. Persuadés, non sans d'inébranlables motifs, que l'unique raison d'être, (en laquelle ils cherchent, fatalement, à réaliser leurs *semblances*), de ceux-là qui, errants et froids, ne peuvent être heureux, consiste à troubler, d'instinct, s'il leur est possible, le bonheur de ceux-là qui savent être heureux, ces divins amants, pour sauvegarder la simplicité de leur automnale tendresse, se sont résolus à l'égoïsme d'un seuil strictement ignoré, strictement fermé. — Inhospitaliers, plutôt, jamais ils ne profaneront le rayonnement intérieur de leur logis, ni les présences, — qui sait ! — des familiers Esprits émus de leur souverain amour, en admettant « chez eux », ne fût-ce que par quelque hasardeux soir d'ouragan, tel banal, voire illustre, étranger. Ils ne risqueront, sous aucun prétexte du Destin, le calme de leur indicible, — à jamais imprécis — et, par conséquent, immuable ravissement. Plus sages que leurs aïeux de l'Eden, ils n'essayeront jamais *de savoir pourquoi* ils sont heureux, n'ayant pas oublié ce que coûtent ces sortes de tentatives. Au reste, ne désirant d'autrui que cette indifférence dont ils espèrent s'être rendus dignes, il se trouve qu'un assentiment inconscient du monde la leur accorde volontiers.

Bref, sous leur toit d'élection, ayant, paraît-il, mérité

d'en-haut ce privilège, devenu si rare, de pouvoir se ressaisir *quand même* dans l'Immortel, ces deux élus, — magnifiques, bien qu'un peu pâles, — sauront défendre attentivement, — c'est-à-dire en connaissance de cause, — contre toutes atteintes « sociales », leur tardive félicité.

Les Amants de Tolède

A Monsieur Emile Pierre.

> « Il eût donc été juste que Dieu condamnât
> l'Homme au Bonheur ? »
> *Une des réponses de la Théologie romaine
> à l'objection contre la Tache-originelle.*

UNE aube orientale rougissait les granitiques sculptures, au fronton de l'Official, à Tolède — et, entre toutes, le *Chien-qui-porte-une-torche-enflammée-dans-sa-gueule*, armoiries du Saint-Office.

Deux figuiers épais ombrageaient le portail de bronze : au delà du seuil, de quadri-latérales marches de pierre exsurgeaient des entrailles du palais, — enchevêtrement de profondeurs calculées sur de subtiles déviations du sens de la montée et de la descente. — Ces spirales se perdaient, les unes dans les salles de conseil, les cellules des inquisiteurs, la chapelle secrète, les cent soixante-deux cachots, le verger même et le dortoir des familiers ; — les autres, en de longs corridors, froids et interminables, vers divers retraits... — des réfectoires, la bibliothèque.

En l'une de ces chambres, — dont le riche ameublement, les tentures cordouanes, les arbustes, les vitraux ensoleillés, les tableaux, tranchaient sur la nudité des autres séjours, — se tenait debout, cette aurore-là, les pieds nus sur des sandales, au centre de la rosace d'un tapis byzantin, les mains jointes, les vastes yeux fixes, un maigre vieillard, de taille géante, vêtu de la simarre blanche à croix rouge, le long manteau noir aux épaules, la barrette noire sur le crâne, le chapelet de fer à la ceinture. Il paraissait avoir passé quatre-vingts ans. Blafard, brisé de macérations, saignant, sans doute, sous le cilice invisible qu'il ne quittait jamais, il considérait une alcôve où se trouvait, drapé et festonné de guirlandes, un lit opulent et moelleux. Cet homme avait nom Tomas de Torquemada.

Autour de lui, dans l'immense palais, un effrayant silence tombait des voûtes, silence formé des mille souffles sonores de l'air que les pierres ne cessent de glacer.

Soudain le Grand-Inquisiteur d'Espagne tira l'anneau d'un timbre que l'on n'entendit pas sonner. Un monstrueux bloc de granit, avec sa tenture, tourna dans l'épaisse muraille. Trois familiers, cagoules baissées, apparurent — sautant hors d'un étroit escalier creusé dans la nuit, — et le bloc se referma. Ceci dura deux secondes, un éclair! Mais ces deux secondes avaient suffi pour qu'une lueur rouge, réfractée par quelque souterraine salle, éclairât la chambre! et qu'une terrible, une confuse rafale de cris si déchirants, si aigus, si affreux, — qu'on ne pouvait distinguer ni pressentir l'âge ou le sexe des voix qui les hurlaient, — passât dans l'entre-bâillement de cette porte, comme une lointaine bouffée d'enfer.

Puis, le morne silence, les souffles froids, et, dans les

corridors, les angles de soleil sur les dalles solitaires qu'à peine heurtait, par intervalles, le claquement d'une sandale d'inquisiteur.

Torquemada prononça quelques mots à voix basse.

L'un des familiers sortit, et, peu d'instants après, entrèrent, devant lui, deux beaux adolescents, presque enfants encore, un jeune homme et une jeune fille, — dix-huit ans, seize ans, sans doute. La distinction de leurs visages, de leurs personnes, attestait une haute race, et leurs habits — de la plus noble élégance, éteinte et somptueuse — indiquaient le rang élevé qu'occupaient leurs maisons. L'on eût dit le couple de Vérone transporté à Tolède : Roméo et Juliette!... Avec leur sourire d'innocence étonnée, — et un peu roses de se trouver ensemble, déjà, — tous deux regardaient le saint vieillard.

— « Doux et chers enfants », dit, en leur imposant les mains, Tomas de Torquemada, — « vous vous aimiez depuis près d'une année (ce qui est longtemps à votre âge), et d'un amour si chaste, si profond, que tremblants, l'un devant l'autre, et les yeux baissés à l'église, vous n'osiez vous le dire. C'est pourquoi, le sachant, je vous ai fait venir ce matin, pour vous unir en mariage, ce qui est accompli. Vos sages et puissantes familles sont prévenues que vous êtes deux époux et le palais où vous êtes attendus est préparé pour le festin de vos noces. Vous y serez bientôt et vous irez vivre, à votre rang, entourés plus tard, sans doute, de beaux enfants, fleur de la chrétienté.

« Ah! vous faites bien de vous aimer, jeunes cœurs d'élection! Moi aussi, je connais l'amour, ses effusions, ses pleurs, ses anxiétés, ses tremblements célestes! C'est d'amour que mon cœur se consume, car l'amour, c'est la loi de la vie! c'est le sceau de la sainteté. Si donc j'ai pris sur moi de vous unir, c'est afin que l'essence même de l'amour, qui est le bon Dieu seul, ne fût pas troublée, en vous, par les trop charnelles convoitises, par les concupiscences, hélas! que de trop longs retards dans la légitime possession l'un de l'autre entre les fiancés peuvent allumer en leurs sens. Vos prières allaient en devenir distraites! La fixité de vos songeries allait obscurcir votre pureté natale! Vous êtes deux anges qui, pour se souvenir de ce qui est RÉEL en votre amour, aviez soif, déjà, de l'apaiser, de l'émousser, d'en épuiser les délices!

« Ainsi soit-il! — Vous êtes ici dans la Chambre du Bonheur : vous y passerez seulement vos premières heures conjugales, puis me bénissant, je l'espère, de vous avoir ainsi rendus à vous-mêmes, c'est-à-dire à Dieu, vous retournerez, dis-je, vivre de la vie des humains, au rang que Dieu vous assigna. »

Sur un coup d'œil du Grand-Inquisiteur, les familiers, rapidement, dévêtirent le couple charmant, dont la stupeur — un peu ravie — n'opposait aucune résistance. Les ayant placés vis-à-vis l'un de l'autre, comme deux juvéniles statues, ils les enveloppèrent très vite l'un contre l'autre de larges rubans de cuir parfumé qu'ils serrèrent doucement, puis les transportèrent, étendus, appliqués cœur auprès du cœur et lèvres sur lèvres, — bien assujettis ainsi, — sur la couche nuptiale, en cette étreinte qu'immobilisaient subtilement leurs entraves. L'instant d'après, ils étaient laissés seuls, à leur intense joie — qui ne tarda pas à dominer leur trouble — et si grandes furent alors les délices qu'ils goûtèrent, qu'entre d'éperdus baisers ils se disaient tout bas :

— Oh! si cela pouvait durer l'éternité!...

Mais rien, ici-bas, n'est éternel, — et leur douce étreinte, hélas! *ne dura que quarante-huit heures.*

Alors des familiers entrèrent, ouvrirent toutes larges les fenêtres sur l'air pur des jardins : les liens des deux amants furent enlevés, — un bain, qui leur était indispensable, les ranima, chacun dans une cellule voisine. — Une fois rhabillés, comme ils chancelaient, livides, muets, graves et les yeux hagards, Torquemada parut et l'austère vieillard, en leur donnant une suprême accolade, leur dit à l'oreille :

— Maintenant, mes enfants, que vous avez passé par la dure épreuve du Bonheur, je vous rends à la vie et à votre amour, car je crois que vos prières au bon Dieu seront désormais moins distraites que par le passé.

Une escorte les reconduisit donc à leur palais tout en fête : on les attendait; ce furent des rumeurs de joie!...

Seulement, pendant le festin de noces, tous les nobles convives remarquèrent, non sans étonnement, entre les deux époux, une sorte de gêne guindée, d'assez brèves paroles, des regards qui se détournaient, et de froids sourires.

Ils vécurent, presque séparés, dans leurs appartements personnels et moururent sans postérité, — car, s'il faut tout dire, ils ne s'embrassèrent jamais plus — de peur... DE PEUR QUE CELA NE RECOMMENÇÂT !

La Torture par l'Espérance

A Monsieur Edouard Nieter.

— Oh ! une voix, une voix, pour crier !...
ÉDGAR POE (*Le Puits et le Pendule.*)

Sous les caveaux de l'Official de Saragosse, au tomber d'un soir de jadis, le vénérable Pedro Arbuez d'Espila, sixième prieur des dominicains de Ségovie, troisième Grand-Inquisiteur d'Espagne — suivi d'un *fra redemptor* (maître-tortionnaire) et précédé de deux familiers du Saint-Office, ceux-ci tenant des lanternes, descendit vers un cachot perdu. La serrure d'une porte massive grinça : l'on pénétra dans un méphitique *in-pace*, où le jour de souffrance d'en haut laissait entrevoir, entre des anneaux scellés aux murs, un chevalet noirci de sang, un réchaud, une cruche. Sur une litière de fumier, et maintenu par des entraves, le carcan de fer au cou, se trouvait assis, hagard, un homme en haillons, d'un âge désormais indistinct.

Ce prisonnier n'était autre que rabbi Aser Abarbanel, juif aragonais, qui — prévenu d'usure et d'impitoyable dédain des Pauvres, — avait, depuis plus d'une année, été, quotidiennement, soumis à la torture. Toutefois, son « aveuglement étant aussi dur que son cuir », il s'était refusé à l'abjuration.

Fier d'une filiation plusieurs fois millénaire, orgueilleux de ses antiques ancêtres, — car tous les Juifs dignes de ce nom sont jaloux de leur sang, — il descendait, talmudiquement, d'Othoniel, et, par conséquent, d'Ipsiboë, femme de ce dernier Juge d'Israël : circonstance qui avait aussi soutenu son courage au plus fort des incessants supplices.

Ce fut donc les yeux en pleurs, en songeant que cette âme si ferme s'excluait du salut, que le vénérable

LA TORTURE PAR L'ESPÉRANCE

Pedro Arbuez d'Espila, s'étant approché du rabbin frémissant, prononça les paroles suivantes :

— « Mon fils, réjouissez-vous : voici que vos épreuves d'ici-bas vont prendre fin. Si, en présence de tant d'obstination, j'ai dû permettre, en gémissant, d'employer bien des rigueurs, ma tâche de correction fraternelle a ses limites. Vous êtes le figuier rétif qui, trouvé tant de fois sans fruit, encourt d'être séché... mais c'est à Dieu seul de statuer sur votre âme. Peut-être l'infinie Clémence luira-t-elle pour vous au suprême instant ! Nous devons l'espérer ! Il est des exemples... Ainsi soit ! — Reposez donc, ce soir, en paix. Vous ferez partie, demain, de l'*auto da fé* : c'est-à-dire, vous serez exposé au *quemadero*, brasier prémonitoire de l'éternelle Flamme : il ne brûle, vous le savez, qu'à distance, mon fils, et la Mort met au moins deux heures (souvent trois) à venir, à cause des langes mouillés et glacés dont nous avons soin de préserver le front et le cœur des holocaustes. Vous serez quarante-trois seulement. Considérez que, placé au dernier rang, vous aurez le temps nécessaire pour invoquer Dieu, pour lui offrir ce baptême du feu qui est de l'Esprit-Saint. Espérez donc en La Lumière et dormez. »

En achevant ce discours, dom Arbuez ayant, d'un signe, fait désenchaîner le malheureux, l'embrassa tendrement. Puis, ce fut le tour du *fra* redemptor, qui, tout bas, pria le juif de lui pardonner ce qu'il lui avait fait subir en vue de le rédimer ; — puis l'accolèrent les deux familiers, dont le baiser, à travers leurs cagoules, fut silencieux. La cérémonie terminée, le captif fut laissé, seul et interdit, dans les ténèbres.

Rabbi Aser Abarbanel, la bouche sèche, le visage hébété de souffrance, considéra d'abord sans attention précise, la porte fermée. — « Fermée ?... » Ce mot, tout au secret de lui-même, éveillait, en ses confuses pensées, une songerie. C'est qu'il avait entrevu, un instant, la lueur des lanternes en la fissure d'entre les murailles de cette porte. Une morbide idée d'espoir, due à l'affaissement de son cerveau, émut son être.

Il se traîna vers l'insolite *chose* apparue! Et, bien doucement, glissant un doigt, avec de longues précautions, dans l'entre-bâillement, il tira la porte vers lui... O stupeur! par un hasard extraordinaire, le familier qui l'avait refermée avait tourné la grosse clef un peu avant le heurt contre les montants de pierre! De sorte que, le pène rouillé n'étant pas entré dans l'écrou, la porte roula de nouveau dans le réduit.

Le rabbin risqua un regard au dehors.

A la faveur d'une sorte d'obscurité livide, il distingua, tout d'abord, un demi-cercle de murs terreux, troués par des spirales de marches; — et, dominant, en face de lui, cinq ou six degrés de pierre, une espèce de porche noir, donnant accès en un vaste corridor, dont il n'était possible d'entrevoir, d'en bas, que les premiers arceaux.

S'allongeant donc, il rampa jusqu'au ras de ce seuil.
— Oui, c'était bien un corridor, mais d'une longueur démesurée! Un jour blême, une lueur de rêve l'éclairait: des veilleuses, suspendues aux voûtes, bleuissaient, par intervalles, la couleur terne de l'air : — le fond lointain

n'était que de l'ombre. Pas une porte, latéralement, en cette étendue ! D'un seul côté, à sa gauche, des soupiraux, aux grilles croisées, en des enfoncées du mur, laissaient passer un crépuscule — qui devait être celui du soir, à cause des rouges rayures qui coupaient, de loin en loin, le dallage. Et quel effrayant silence !... Pourtant, là-bas, au profond de ces brumes, une issue pouvait donner sur la liberté ! La vacillante espérance du juif était tenace, car c'était la dernière.

Sans hésiter donc, il s'aventura sur les dalles, côtoyant la paroi des soupiraux, s'efforçant de se confondre avec la ténébreuse teinte des longues murailles. Il avançait avec lenteur, se trainant sur la poitrine — et se retenant de crier lorsqu'une plaie, récemment avivée, le lancinait.

Soudain, le bruit d'une sandale qui s'approchait parvint jusqu'à lui dans l'écho de cette allée de pierre. Un tremblement le secoua, l'anxiété l'étouffait : sa vue s'obscurcit. Allons ! c'était fini, sans doute ! Il se blottit, à croppetons, dans un enfoncement, et, à demi mort, attendit.

C'était un familier qui se hâtait. Il passa rapidement, un arrache-muscles au poing, cagoule baissée, terrible, et disparut. Le saisissement, dont le rabbin venait de subir l'étreinte, ayant comme suspendu les fonctions de la vie, il demeura, près d'une heure, sans pouvoir effectuer un mouvement. Dans la crainte d'un surcroît de tourments s'il était repris, l'idée lui vint de retourner en son cachot. Mais le vieil espoir lui chuchotait, dans l'âme, ce divin *Peut-être,* qui réconforte dans les pires détresses! Un miracle s'était produit! Il ne fallait plus douter! Il se remit donc à ramper vers l'évasion possible. Exténué de souffrance et de faim, tremblant d'angoisses, il avançait! — Et ce sépulcral corridor semblait s'allonger mystérieusement! Et lui, n'en finissant pas d'avancer, regardait toujours l'ombre, là-bas, où *devait* être une issue salvatrice.

— Oh! oh! Voici que des pas sonnèrent de nouveau, mais, cette fois, plus lents et plus sombres. Les formes blanches et noires, aux longs chapeaux à bords roulés, de deux inquisiteurs, lui apparurent, émergeant sur l'air terne, là-bas. Ils causaient à voix basse et paraissaient en controverse sur un point important, car leurs mains s'agitaient.

A cet aspect, rabbi Aser Abarbanel ferma les yeux : son cœur battit à le tuer ; ses haillons furent pénétrés d'une froide sueur d'agonie ; il resta béant, immobile, étendu le long du mur, sous le rayon d'une veilleuse, immobile, implorant le Dieu de David.

Arrivés en face de lui, les deux inquisiteurs s'arrêtèrent sous la lueur de la lampe, — ceci par un hasard sans doute provenu de leur discussion. L'un d'eux, en écoutant son interlocuteur, se trouva regarder le rabbin ! Et, sous ce regard dont il ne comprit pas, d'abord, l'expression distraite, le malheureux croyait sentir les tenailles chaudes mordre encore sa pauvre chair ; il allait donc redevenir une plainte et une plaie ! Défaillant, ne pouvant respirer, les paupières battantes, il frissonnait, sous l'effleurement de cette robe. Mais, chose à la fois étrange et naturelle, les yeux de l'inquisiteur étaient évidemment ceux d'un homme profondément préoccupé de ce qu'il va répondre, absorbé par l'idée de ce qu'il écoute, ils étaient fixes — et semblaient regarder le juif *sqns le voir!*

En effet, au bout de quelques minutes, les deux sinistres discuteurs continuèrent leur chemin, à pas lents, et toujours causant à voix basse, vers le carrefour d'où le captif était sorti; on ne l'avait pas vu !... Si bien que, dans l'horrible désarroi de ses sensations, celui-ci eut le cerveau traversé par cette idée : « Serais-je déjà mort, qu'on ne me voit pas? » Une hideuse impression le tira de léthargie : en considérant le mur, tout contre son visage, il crut voir, en face des siens, deux yeux féroces qui l'observaient!... Il rejeta la tête en arrière en une transe éperdue et brusque, les cheveux dressés!... Mais non! non. Sa main venait de se rendre compte, en tâtant les pierres : c'était le *reflet* des yeux de l'inquisiteur qu'il avait encore dans les prunelles, et qu'il avait réfracté sur deux taches de la muraille.

En marche! Il fallait se hâter vers ce but qu'il s'imaginait (maladivement, sans doute) être la délivrance! vers ces ombres dont il n'était plus distant que d'une trentaine de pas, à peu près. Il reprit donc, plus vite, sur les genoux, sur les mains, sur le ventre, sa voie douloureuse; et bientôt il entra dans la partie obscure de ce corridor effrayant.

Tout à coup, le misérable éprouva du froid *sur* ses mains qu'il appuyait sur les dalles; cela provenait d'un violent souffle d'air, glissant sous une petite porte à laquelle aboutissaient les deux murs. — Ah! Dieu! si cette porte s'ouvrait sur le dehors! Tout l'être du lamentable évadé eut comme un vertige d'espérance! Il l'examinait, du haut en bas, sans pouvoir bien la distinguer à cause de l'assombrissement autour de lui. — Il tâtait: point de verrous! ni de serrure. — Un loquet!... Il se redressa: le loquet céda sous son pouce; la silencieuse porte roula devant lui.

— « Alleluia!... » murmura, dans un immense soupir d'actions de grâces, le rabbin, maintenant debout sur le seuil, à la vue de ce qui lui apparaissait.

La porte s'était ouverte sur des jardins, sous une

nuit d'étoiles! sur le printemps, la liberté, la vie! Cela donnait sur la campagne prochaine, se prolongeant vers les sierras dont les sinueuses lignes bleues se profilaient sur l'horizon; — là, c'était le salut! — Oh! s'enfuir! Il courrait toute la nuit sous ces bois de citronniers dont les parfums lui arrivaient. Une fois dans les montagnes, il serait sauvé! Il respirait le bon air sacré; le vent le ranimait, ses poumons ressuscitaient! Il entendait, en son cœur dilaté, le *Veni foras* de Lazare! Et, pour bénir encore le Dieu qui lui accordait cette miséricorde, il étendit les bras devant lui, en levant les yeux au firmament. Ce fut une extase.

Alors, il crut voir l'ombre de ses bras se retourner sur lui-même : — il crut sentir que ces bras d'ombre l'entouraient, l'enlaçaient, — et qu'il était pressé tendrement contre une poitrine. Une haute figure était, en effet, auprès de la sienne. Confiant, il abaissa le regard vers cette figure — et demeura pantelant, affolé, l'œil morne, trémébond, gonflant les joues et bavant d'épouvante.

— Horreur! Il était dans les bras du Grand-Inquisiteur

lui-même, du vénérable Pedro Arbuez d'Espila, qui le considérait, de grosses larmes plein les yeux, et d'un air de bon pasteur retrouvant sa brebis égarée!...

Le sombre prêtre pressait contre son cœur, avec un élan de charité si fervente, le malheureux juif, que les pointes du cilice monacal sarclèrent, sous le froc, la poitrine du dominicain. Et, pendant que rabbi Aser Abarbanel, les yeux révulsés sous les paupières, râlait d'angoisse entre les bras de l'ascétique dom Arbuez et comprenait confusément, *que toutes les phases de la fatale soirée n'étaient qu'un supplice prévu, celui de l'Espérance!* le Grand-Inquisiteur, avec un accent de poignant reproche et le regard consterné, lui murmurait à l'oreille, d'une haleine brûlante et altérée par les jeûnes :

— « Eh quoi, mon enfant! A la veille, peut-être, du salut... vous vouliez donc nous quitter! »

L'Amour sublime.

M. Evariste Rousseau-Latouche, député de l'un de nos départements les plus éclairés, siégeait au centre-gauche de notre Parlement.

Au physique, c'était un de ces hommes qui ont toujours eu l'air d'un oncle.

Quarante-cinq ans, environ ; l'encolure un peu molle, résistante pourtant ; la chair des joues offrait quelques menues bouffissures, l'âge ayant ses droits ; mais il en humectait chaque matin, de crèmes diverses, la couperose. Le nez long et froid. Les yeux grisâtres. La lèvre inférieure franche, rouge, un peu épaisse : la supérieure très fine et formant la ligne quatrième de la carrure du menton. La voix bien timbrée, précise. Brun encore, mais ceci grâce à ces innocentes « applications » de teinture qui sont de mode.

C'était le type de l'homme de nos jours, exempt de superstitions, ouvert à tous les aspects de l'esprit, peu dupe des grands mots, cubique en ses projets financiers, industriels ou politiques.

En 1876, il avait épousé mademoiselle Frédérique d'Allepraine; la tutrice de cette orpheline de dix-sept ans la lui ayant accordée à cause de l'extérieur, à la fois sérieux et engageant, de cet honnête homme; — et puis les situations se convenaient...

Rousseau-Latouche avait fait sa fortune dans les lins. Il ne s'était enrichi que par le travail — et, aussi, grâce à quelque peu de savoir-faire — sans parler de certaines circonstances dont il est convenu que les sots seuls négligent de profiter; tout le monde l'estimait donc, de l'estime actuelle.

Au moral, il avait les idées françaises d'aujourd'hui, les idées ayant cours, — excepté en quelques négligeables esprits. Ses convictions se résumaient en celles-ci :

1° Qu'en fait de religions, tous les cultes imaginables ayant eu leurs fervents et leurs martyrs, le Christianisme, en ses nuances diverses, ne devait plus être considéré que comme un mode analogue de cette « mysticité » qui s'efface d'elle-même — brume traversée par le soleil levant de la Science.

2° Qu'en fait de politique, le régime royal, en France (et ailleurs), ayant fait son temps, s'annule également, de soi-même.

3° Qu'en fait de morale pratique, il faut, tout bonnement, se laisser vivre selon les règles salubres de l'honnêteté (ceci autant que possible), — sans être hostile au Bien, c'est-à-dire au Progrès.

4° Qu'en fait d'attitude sociale, le mieux est de laisser, en souriant, pérorer les gens en retard, dont le cerveau n'est pas d'une pondération calme et dont les derniers groupes tendent à disparaître comme les Peaux-Rouges.

Bref, c'était un être éminemment sympathique, ainsi que le sont, de nos jours, presque tous ceux qui — les mains vides, mais ouvertes — sont doués d'assez d'empire sur eux-mêmes pour pouvoir prononcer, non-seulement sans rire, mais avec une sincérité d'accent convaincante le mot « *Fraternité* » : — c'est-à-dire le mot le plus lucratif de notre époque.

Madame Rousseau-Latouche, née Frédérique d'Allepraine, en tant que nature, différait de son mari.

C'était une personne atteinte d'âme ; — un être d'*au delà* joint à un être de terre. Elle était d'un genre de beauté à la fois grave, exquis et durable. Il ressortait de sa personne une sympathie pénétrante, mais qui humiliait un peu. Le regard chaste et froid de ses yeux bleus éclairait, d'intérieurement, sa transparente pâleur ; et la grâce de son affabilité charmait, — bien qu'un peu glacée, à cause des gens dont le sourire trop volontiers s'affine.

En dépit des trente ans dont elle approchait, elle pouvait inspirer les sentiments d'un amour auguste, d'une passion noble et profonde. Quelque surpris que fussent, à sa vue, les visiteurs ou même les passants, il était difficile de ne pas se sentir moins qu'elle en sa présence, — et de ne pas rendre hommage à la simplicité si tranquillement élevée de cet être d'exception perdu en un milieu d'individus affairés. Dans les soirées elle semblait, malgré son évidente bonne volonté, si étrangère à son entourage, que les femmes la déclaraient « supérieure » avec un demi-sourire qui servait la transition pour parler de choses plus gaies.

Ses goûts étaient incompréhensibles, extraordinaires. Ainsi, musicienne, elle n'aimait exclusivement et sans jamais une concession, que cette musique dont l'aile porte les intelligences bien nées vers ces régions suprêmes de l'Esprit qu'illumine la persistante notion de Dieu, — d'une espérable immortalité en cette incréée « Lumière » où toute souffrance mortelle est oubliée.

Elle ne lisait que ces livres, si rares, où vibre la spiritualité d'un style pur. Peu mondaine, malgré les exigences de sa position, c'était à peine si elle acceptait de figurer en d'inévitables ou officielles fêtes. Taciturne, elle préférait l'isolement, chez elle, dans sa chambre, où sa manière de tuer le temps consistait, le plus souvent, à prier, en chrétienne simple, pénétrée d'espérance. Privée d'enfants, ses meilleures distractions étaient de porter, elle-même, à des pauvres, quelque argent, des choses utiles, ceci le plus possible, et en calculant de son mieux ces dépenses ; car Evariste, sans précisément l'entraver ici, serrait, devant toutes exagérations, et non sans sagesse, les cordons de la bourse.

M. Rousseau-Latouche, en conservateur sagace, en esprit éclectique, aux vues larges, comprenant toutes les aberrations des êtres non parvenus encore à sa sérénité intellectuelle, non seulement trouvait très excusable, en sa chère Frédérique, cette « mysticité » qu'il qualifiait de féminine, mais, secrètement, n'en était point fâché. Ceci pour plusieurs motifs concluants.

D'abord, parce que si ce genre de goûts témoignait, en elle, d'une race « noble », le mieux est, aujourd'hui, d'absoudre, avec une indulgence discrète (une déférence, même), ces particularités d'atavisme destinées à s'atténuer avec les générations. On ne peut extirper, sans danger, ces espèces de taches de naissance, — qui, d'ailleurs, donnent du piquant à une femme. Puis, —

tout en reconnaissant, en soi-même, la fondamentale frivolité de pareilles inclinations, on doit ne pas oublier qu'en de certains milieux influents encore, et dont les préjugés sont par conséquent ménageables, on peut être fier, négligemment, de laisser constater, en sa femme, ces travers sacrés, flatteurs même, et qu'ainsi l'on utilise. C'est une parure distinguée.

Ensuite, cela présente — en attendant qu'il soit trouvé mieux — des garanties d'honnêteté conjugale des plus appréciables, aux yeux surtout d'un homme d'État, absorbé par des labeurs d'affaires, de législature, etc., — qui, enfin, « n'a pas le temps » de veiller avec soin sur son foyer. En somme donc, ces diverses tendances d'un tempérament imaginatif constituant, à son estime, en sa chère femme, une sorte de préservatif organique, une égide naturelle contre les nombreuses tentations si fréquentes de l'existence moderne, Evariste, — bien qu'hostile, en principe, à leur essence, — avait fait, en bon opportuniste, la part du feu. — Que lui importait, après tout ? Ne vivons-nous pas en un siècle de pensée libre ? Eh bien ! du moment où cela non-seulement ne le gênait pas, mais — redisons-le — lui pouvait être utile, flatteur même, entre-temps, pourquoi ce clairvoyant époux eût-il risqué sa quiétude, en essayant, sans profit, de guérir sa femme de cette maladie incurable et natale qu'on appelle l'âme?... Tout pesé, ce vice de conformation ne lui semblait pas absolument rédhibitoire.

Presque toute l'année, les Rousseau-Latouche habitaient leur belle maison de l'avenue des Ternes. L'été, aux vacances de la Chambre, Evariste emmenait sa femme en une délicieuse maison de campagne, aux environs de Sceaux. Comme on n'y recevait pas, les soirées étaient, parfois, un peu longues; mais on se levait de meilleure heure. Un peu de solitude, cela retrempe et rasseoit l'esprit.

De grands jardins, un bouquet de bois, de belles attenances, entouraient cette propriété d'agrément. N'étant pas insensible aux charmes de la nature, M. Rousseau-Latouche, le matin, vers sept heures, en veston de coutil à boutonnière enrubannée et le chef abrité d'un panama contre les feux de l'aurore, ne se refusait pas, tout comme un simple mortel, à parcourir, le sécateur officiel en main, ses allées bordurées de rosiers, d'arbres fruitiers et de melonnières. Puis, jusqu'à l'heure du déjeuner, il s'enfermait en son cabinet, y dépouillait sa correspondance, lisait, en ses journaux, les échos du jour, et songeait mûrement à des projets de loi — qu'il s'efforçait même de trouver urgents, étant un homme de bonne volonté.

Pendant la journée, madame s'occupait des nécessiteux que le curé de la localité lui avait recommandés; — ce qui, avec un peu de musique et de lecture, suffisait à combler les six semaines que l'on passait en cet exil.

Vers la fin de juillet, l'an dernier, les Rousseau-Latouche reçurent, à l'improviste, la visite exceptionnelle d'un jeune parent venu de Jumièges, la vieille ville, et venu pour voir Paris — sans autre motif. Peut-être s'y fixerait-il, selon des circonstances — si difficiles à prévoir aujourd'hui.

M. Bénédict d'Allepraine se trouvait être le cousin germain de Frédérique. Il était plus jeune qu'elle d'environ six années. Ils avaient joué ensemble, autrefois, chez leurs parents; et, sans s'être revus depuis l'adolescence, ils avaient toujours trouvé, dans leurs lettres de relations, entre famille, un mot aimable les rappelant l'un à l'autre. C'était un jeune homme assez beau, peu parleur, d'une douceur tout à fait grave et charmante, de grande distinction d'esprit et de manières parfaites, bien que M. Rousseau-Latouche les trouvât (mais avec sympathie) un peu « provinciales ».

Or, par une coïncidence vraiment singulière, étant surtout donnée la rareté de ces sortes de caractères, la nature intellectuelle de M. Bénédict d'Allepraine se trouvait être pareille à celle de Frédérique. Oui, le tour essentiellement pensif de son esprit l'avait malheureusement conduit à certain dédain des choses terre à terre et à l'amour assez exclusif des choses d'en haut; ceci au point que sa fortune, bien que des plus modestes, lui suffisait et qu'il ne s'ingéniait en rien pour l'augmenter, ce qui confinait à l'imprévoyance.

Ce n'était pas qu'il fût né poète; il l'était plutôt *devenu*, par un ensemble de raisonnements logiques et, disons-le tout bas, des plus solides, à la vue de toutes les feuilles sèches dont se payent, jusqu'à la mort, la plupart des individus soi-disant positifs. S'il acceptait de « croire » un peu par force, aux réalités relatives dont nous relevons tous, bon ou mal gré nous, c'était avec un enjouement qui laissait deviner la mince estime qu'il professait pour la tyrannie bien momentanée de ces choses. Bref, il s'était, de très bonne heure — et ceci grâce à des instincts natals — détaché de bien des ambitions, de bien des désirs, et ne reconnaissait, pour méritant le titre de sérieux, que ce qui correspondait aux goûts sagement divins de son âme.

Hâtons-nous d'ajouter que, dans ses relations, c'était un cœur d'une droiture excessive, incapable d'un adultère, d'une lâcheté, d'une simple indélicatesse, et que cette qualité, comme le rayon d'une étoile, transparaissait de sa personne. Quelque réfractaire qu'il se jugeât quant à l'action violente, s'il eût découvert, au monde, telle belle cause à défendre qui ne fût illusoire qu'à demi, certes, il se fût donné la peine d'être ce que les passants appellent un homme, et de façon, même, probablement, à démontrer, sans ostentation, le néant, l'incapacité de ceux qui l'eussent raillé sur les nuages de ses idées généreuses ; mais, cette belle cause il ne l'entrevoyait guère au milieu du farouche conflit d'intérêts qui, de nos jours, étouffe d'avance, sous le ridicule et le dédain, tout effort tenté vers quoi que ce soit d'élevé, de désintéressé, de digne d'être. — S'isolant donc en soi-même, avec une grande mélancolie, c'était comme s'il se fût fait naturaliser d'un autre monde.

Bénédict reçut un accueil amical chez les Rousseau-Latouche ; on s'ennuyait, parfois ; ce jeune homme représentait, au moins pour Evariste, quelques heures plus agréables, une distraction. Puis, il était de la famille. M. d'Allepraine dut céder à l'invitation formelle de passer les vacances avec eux.

En quelques jours, Frédérique et Bénédict, s'étant reconnus *du même pays,* se mirent, naturellement, à s'aimer d'un amour idéal, aussi chaste que profond, et que sa candeur même légitimait presque absolument. Certes ils n'étaient pas sans tristesse ; mais leur sentiment était plus haut que ce qui leur causait cette tristesse. — Oh! cependant, ne pas s'être épousés! Quel éternel soupir! Quel morne serrement de cœur!

L'épreuve était lourde. — Sans doute ils expiaient quelque ancestral crime! Il fallait subir, sans faiblesse, la douleur que Dieu leur accordait, douleur si rude qu'ils pouvaient se croire des élus.

Rousseau-Latouche, en homme de tact, s'aperçut très vite de ce nébuleux sentiment dont leurs organismes moins équilibrés que le sien, les rendaient victimes. Comment l'eussent-ils dissimulé? C'était lisible en leur innocence même — en la réserve qu'ils se témoignaient.

Evariste, — nous l'avons donné à entendre, — était un de ces hommes qui s'expliquent les choses sans jamais s'emporter, son calme énergique lui conférant le don *d'étiqueter* toujours, d'une manière sérielle, un fait quelconque, sans l'isoler de son ambiance, — et, par conséquent, de le dominer, en l'utilisant même, s'il se pouvait, — dans la mesure du convenable, bien entendu.

Si donc son premier mouvement, instinctif, immédiat, fut de congédier Bénédict sous un prétexte poli, le second fut tout autre, après réflexion : — tout autre !

Étant données, en effet, ces deux natures « phénoménales », il fallait bien se garder, au contraire, de renforcer, en le contrecarrant, en ayant même l'air de le remarquer, cette sorte d' « angélisme » futile, ce cousinage idéal dont il redevait à lui-même de dédaigner d'être jaloux, du moment où il en tenait solidement l'objet réel. Leur honnêteté, qu'il sentait impeccable, le garantissait. Dès lors, il ne pouvait qu'être flatté, dans sa vanité d'homme de quarante-cinq ans, d'avoir pour femme une personne, qu'un jeune homme aimait — et aimerait — *en vain!* La *qualité* de leur inclination réciproque, il la comprenait exactement. C'était une sorte d'affectif, de morbide et vague penchant, éclos de trop mystiques aspirations et sans plus de consistance matérielle que le vertige résulté d'un duo de musique allemande, chanté avec une exagération de laisser-aller. Il lui suffirait, à lui,

Rousseau-Latouche, d'un peu de circonspection pour circonscrire ce prétendu « amour » dans ces mêmes nuages d'où il émanait, et paralyser, d'avance, en lui, toutes échappées vers nos pâles mais importantes réalités. Il était bon de temporiser. Rien d'alarmant, en cette fumée juvénile, qui se dégageait — d'un couple de cerveaux ébriolés par une manière de tour de valse, — dans l'azur, et qui se disséminerait de soi-même au vent des désillusions de chaque jour.

Tous deux étaient, à n'en pas douter, d'une intégrité de conscience aussi évidente que la transparence du cristal de roche; ils étaient incapables d'un abus de confiance, d'une déshonnête chute en nos grossièretés sensuelles, — enfin d'un adultère, pourvu, bien entendu, que le Hasard ne vînt pas les tenter outre mesure. Son mariage leur était aussi désespérant que sacré, — car leur nature était de prendre au sérieux ces sortes de choses au point qu'ils eussent rougi de s'embrasser en cachette comme d'une insulte mutuelle! Dès lors, tous deux ne méritaient, au fond — (avec son estime!) — qu'un doux sourire. Il était l'homme,

— eux étaient des enfants, — des « bébés » ivres d'intangible ! — Conclusion : la ligne de conduite que lui dictaient la plus élémentaire prudence et le sentiment de sa rationnelle supériorité, devait être de fermer les yeux, de ne rien brusquer, de laisser, enfin, s'user faute d'aliment physique, ce platonique « amour » qui, — supposait-il, — si nulle absolvable occasion, nulle circonstance... irrésistible... ne leur était offerte pour ainsi dire *de force*, n'avait rien de vraiment sérieux, — et qu'au surplus les souffles hivernaux de la rentrée à Paris (en admettant, par impossible, qu'il durât jusque-là) dissiperaient comme un mirage. Il n'en resterait entre eux trois qu'un innocent souvenir de villégiature, — agréable, même, à tout prendre.

Cependant, les soirs, — dans les promenades aux jardins, — au déjeuner, au dîner, surtout dans le salon, lorsqu'on s'y attardait en causerie, — quelle que fût la retenue froide qu'ils se témoignaient, Frédérique et Bénédict semblaient se complaire à ne parler que d'« idéalités » de *surexistence par delà le trépas,* d'unions futures, de nuptiales fusions célestes, — ou de choses d'un art très élevé, — choses qui, pour M. Rousseau-Latouche, n'étaient, au fond, que des rêveries, des jeux d'esprit, du clinquant.

En vain cherchait-il, de temps à autre, à ramener la conversation sur un terrain plus solide, — le terrain politique par exemple : — on l'écoutait, certes, avec la déférence qui lui était due : mais, s'il s'agissait de lui répondre, on ne pouvait que se reconnaître trop peu versés en ces questions graves, et aussi d'une intelligence trop insuffisamment pratique, pour se permettre de risquer un avis en cette matière. — De sorte que, par d'insensibles fissures, la conversation glissait entre les mains (cependant bien serrées) du conservateur, et s'enfuyait en rêves mystiques. Bref, ils avaient l'air de fiancés que séparait un tuteur opiniâtre, et qui, à force d'ennuis, devenus insoucieux de se posséder sur la terre, faisaient, naïvement, leurs malles devant lui, Rousseau-Latouche, député du centre, pour les sphères éthérées.

C'était l'absurde s'installant dans la vie réelle.

Ceci dura quinze longs jours, au cours desquels

Evariste, tout en n'ayant qu'à se louer de sa femme et de Bénédict au point de vue des convenances, en était tout doucement arrivé à se sentir comme *étranger* chez lui. Il ne pouvait s'expliquer ce phénomène, trouvant au-dessous de sa dignité de prendre au sérieux l'impalpable. Bien souvent il avait eu, de nouveau, la violente démangeaison de congédier Bénédict, — poliment, mais en ayant soin d'isoler Frédérique de cette scène d'adieux qui, présumait-il, ne se fût point terminée sans tiédeur. Et toujours le motif qui l'avait maintenu dans l'espèce de neutralité modérée dont il avait préféré l'option dès le principe, n'était autre que la dédaigneuse pitié qu'il ressentait, disons-nous, pour cet immatériel amour, et qu'il eût eu l'air de reconnaître, comme VALABLE, en s'en effarouchant. Oui, c'était un homme trop soucieux de sa dignité morale pour accéder à cette concession risible.

A de certains moments, il en venait à *regretter* de ne pouvoir, vraiment, leur adresser aucun reproche, fondé sur la moindre inconséquence de leur part. C'est qu'il avait affaire non pas à des amoureux de la vie, mais à des amants de la Vie. A la fin, ceci l'énerva jusqu'à refroidir l'amour que Frédérique lui avait inspiré si longtemps. Les êtres *trop* équilibrés ne pardonnent pas volontiers l'âme, lorsque, par des riens inintelligibles pour eux (mais très sensibles), elle les humilie de son inviolable présence. L'âme prend, alors, à leurs yeux, les proportions d'un grief : et, même amoureux, cela les dégoûte bientôt de tout corps affligé de cette infirmité.

C'est pourquoi l'idée vint à Evariste, — l'idée étrange et cependant *naturelle!* — de les humilier à son tour, de leur montrer, de leur PROUVER qu'ils étaient, « au fond », des êtres de chair et d'os comme lui, et comme « tout le monde »!... Et que, sous les dehors de leurs belles phrases, plus ou moins redondantes, mais aussi creuses qu'idéales, se cachaient les sens purement *humains* d'une passion *très banale!*... Et que ce n'était pas la peine de le prendre de si haut avec les choses terrestres, quand après tout, l'on n'en faisait fi qu'en paroles!

Il se mit donc — sans trop se rendre compte de la vilenie compassée d'un tel procédé — à leur tendre des pièges! à les laisser seuls, aux jardins, par exemple,

— alors qu'il les observait de loin, muni d'une forte jumelle marine. — (Oh! certes, dès le premier baiser, par exemple, il serait survenu, et leur eût, en souriant, fait constater leur hypocrite faiblesse !)... Malheureusement pour lui, Frédérique et Bénédict ne donnèrent, en ces occasions, aucune prise à ses remontrances, ne réalisèrent pas son singulier *espoir*. Ils se parlèrent peu, et se séparèrent bientôt, sans affectation, par simple convenance. Frédérique devant aller rendre ses visites à des pauvres, Bénédict lui remettait un peu d'or, pour l'aider en ces futilités toutes féminines. De là les quelques paroles entre eux échangées. Evariste les trouvait au moins imbéciles.

Le fait est qu'aux yeux d'un jeune homme ordinaire, de ce que l'on appelle un Parisien, Bénédict eût passé pour un simple sot et Frédérique pour une coquette s'amusant d'un provincial. Rien de plus. Cependant le lien qui les unissait, pour vague qu'il fût, était, positivement, plus solide que... s'ils eussent été coupables. Evariste, qui, tout d'abord, s'était épuisé en manifestations tendres, pour Frédérique (la sentant comme s'échapper), avait renoncé à la lutte devant le dévoué sourire de sa femme. Il semblait n'en être plus, à présent, que le propriétaire; une dédaigneuse aversion pour cette malheureuse insensée s'aigrissait en son raisonnable cœur centre-gauche. Cette énigmatique passion que Bénédict et Frédérique paraissaient n'éprouver que sous condition perpétuelle d'un sublime Futur, il finissait par la reconnaître pour la plus vivace de toutes, pour l'indéracinable, celle sur quoi s'émoussent tous les sarcasmes. Il sonda le mal d'un coup d'œil : le divorce était l'unique issue ! — Il fallait le rendre inévitable, le *forcer,* — car Frédérique, en bonne chrétienne, s'y fût refusée à l'amiable, le divorce étant défendu. — L'indifférente résignation qu'elle avait mise à supporter les cauteleuses tendresses de son mari le prouvait d'avance, outre mesure, et celui-ci ne s'illusionnait pas à cet égard.

En ces conjectures, le mieux était d'en finir le plus tôt : la situation devenant intolérable.

L'épisode avait duré cinq semaines; c'était trop ! Il en avait par-dessus les oreilles ! Ayant négligé, à force de souci, ses lotions normales de teinture, sa barbe et ses cheveux étaient *devenus* réellement gris. Il fallait agir, sans le moindre retard, car l'excellent homme comptait se marier en toute hâte, aussitôt, s'il se pouvait, après le prononcé du Tribunal.

Soudainement, il annonça donc le prochain retour à Paris, et simula, — comme dans les romans et pièces de théâtre les plus rudimentaires, — un départ de deux ou trois jours : il allait, disait-il, jeter un coup d'œil sur l'état de son hôtel en l'avenue des Ternes.

M. Rousseau-Latouche, avait, tout justement, pour ami d'enfance, non point le commissaire de police de Sceaux, mais un commissaire de police des environs, qu'il avait fait nommer à ce poste.

Il alla donc le trouver et s'ouvrit à lui, ne lui taisant rien, lui précisant les choses telles qu'elles étaient, avec une clarté d'élocution dont il manquait à la Chambre, mais qu'il trouvait quand il s'agissait d'élucider ses affaires personnelles. — Tout fut raconté à dîner, en tête-à-tête.

Il fallut du temps, quelques heures, pour que le commissaire se rendit un compte exact de la situation, qu'il finit par entrevoir, à la longue, grâce à la sagacité spéciale qui est inhérente à cette profession.

On arriva donc, en tapinois, le *lendemain* « du départ », afin de ne rien brusquer, d'endormir tous soupçons. Deux heures après le dernier train du soir, on pénétra dans la maison, grâce aux clefs doubles d'Evariste, dont toutes les mesures étaient prises.

Il faisait une nuit d'automne, superbe, douce, bien étoilée.

On monta l'escalier, sans faire le moindre bruit. Il était près d'une heure du matin : le point capital était de les surprendre, comme on dit, *flagrante delicto*.

La porte du salon n'était pas fermée, on parlait à l'intérieur. Le commissaire, avec des précautions extrêmes, ouvrit sans que la serrure grinçât. Quel spectacle écœurant s'offrit alors, à leurs yeux hagards !

Les deux amants, le dos tourné à la porte, et chacun les mains jointes sur le balcon d'une fenêtre ouverte, aussi bien vêtus qu'en plein midi, contemplaient, l'un vers l'autre, l'auguste nuit de lumière, avec des regards d'espérance, et récitaient ensemble, à l'unisson, leur prière du soir, d'une voix lente, mais dont la terrible simplicité d'accent semblait devoir glacer le sourire des gens les plus éclairés.

A ce tableau, M. Rousseau-Latouche demeura comme saisi d'une sorte d'hébétement grave : sur le moment, il eut, même, comme un vertige et craignit pour sa raison!

— Son ami, le froid commissaire de police, reçut, entre ses bras, cet homme d'État chancelant, et d'un ton de commisération profonde lui dit alors naïvement à l'oreille ce peu de mots :

— Pauvre ami! Pas même... *trompé!*...

La légende nous affirme (hâtons-nous de l'ajouter) qu'il se servit d'une expression plus technique, chère à Molière.

Le fait est que pour l'honorable M. Rousseau-Latouche, ç'avait été jouer de malheur d'être tombé sur deux êtres aussi... *intraitables!*

Le Meilleur Amour

ENTRE les êtres destinés non pas au bonheur convenu, mais au réel bonheur, nous devons compter un jeune Breton nommé Guilhem Kerlis. On peut dire qu'il naquit sous une étoile heureuse, et que peu d'hommes, en leur amour, furent plus favorisés que lui. Cependant, combien simple fut son histoire !

Ce fut en 1882, à la brune d'un beau soir de septembre, qu'Yvaine et Guilhem se rencontrèrent dans la campagne de Rennes, près d'une barrière de prairie. Yvaine, fort jolie, avait seize ans ; c'était la fille unique d'une métayère presque pauvre ; elles habitaient le gros bourg de Boisfleury, près de la ville.

Ce soir-là, suivie de deux génisses et d'une demi-douzaine de brebis, tout son troupeau, elle rentrait.

Guilhem, beau gars de dix-huit ans, était le fils d'un garde-chasse du baron de Quélern : il rentrait aussi, son gibier en gibecière. Tous deux, s'étant regardés, s'étonnèrent de ne pas s'être vus plus tôt, car le bourg n'était pas à plus de deux lieues de la chaumière du garde. Autour d'eux, les champs de luzerne, les avoines fauchées, encore mêlées de fleurs, et, venues du lointain, les senteurs des bois embaumaient l'air vespéral. Ils se dirent quelques paroles.

Yvaine offrit à Guilhem des bluets qu'elle avait au corsage. Guilhem lui fit présent d'une belle perdrix rouge, et l'on se sépara sur un rendez-vous que la jeune fille accorda sans hésiter, car on avait parlé mariage — et Guilhem, tout de suite, lui avait plu.

Ils se revirent le lendemain, non loin de Boisfleury, dans un sentier que l'automne parsemait déjà de feuilles dorées; — ce fut la main dans la main qu'ils échangèrent de naïves confidences, sans même penser qu'ils s'aimaient. — Puis, tous les jours, jusqu'à la fin d'octobre, Guilhem la revit, se passionnant pour elle.

C'était un grave cœur, plein de croyances, dont les sentiments étaient à la fois purs, ardents et stables. Yvaine était joueuse, engageante et d'un babil d'oiseau; peut-être un peu trop rieuse. Ils se fiancèrent avec d'innocents baisers, de doux projets de ménage.

Et c'était une longue étreinte silencieuse, lorsqu'ils se quittaient.

Comme Guilhem avait gardé son secret, même pour son père, le vieux garde attribuait l'air nouvellement soucieux de son fils aux seules approches du moment de la conscription — ce qui entrait pour une part, aussi, dans la vérité. L'ancien sergent lui donnait, à souper, des conseils pour réussir au régiment.

Le primitif Guilhem aimait donc avec ferveur, avec foi — sans remarquer qu'Yvaine, étant seulement très jolie, mais sans une lueur de beauté, ne pouvait être qu'incapable de sentiments bien solides.

Amoureuse, peut-être ; amante, sa nature s'y refusait. Certes, elle se fût peu défendue, s'il eût voulu, d'avance, en obtenir des privautés conjugales plus sérieuses que des baisers et des étreintes ; mais, en ce croyant, une sorte d'effroi de ternir sa fiancée maîtrisait la fièvre des désirs, l'emportement de la passion : de tels entraînements, trop oublieux de l'honneur, sentaient le sacrilège, et ceci les refrénait. Yvaine, de tempérament plus frivole, regrettait, au fond de ses idées, qu'il eût si fort cette qualité du respect ; — et même son inclination pour lui s'en attiédit un peu. Elle avait envie de rire, parfois, de ce trop grave amour — qu'elle comprenait à l'étourdie, et selon d'étroites sensations ; bref, elle eût bien préféré que Guilhem fût « plus amusant » ; mais un mari (se disait-elle), ce doit sans doute, être comme cela, *d'abord*.

Au moment des adieux, quand Guilhem toucha au service militaire, elle ressentait pour lui plutôt de l'amitié que de l'amour. Cependant, ils échangèrent la bague; elle l'attendrait. Cinq ans de fidélité! N'était-ce pas compter sur un rêve que d'y croire, l'ayant bien regardée? Pourtant l'idée ne vint même pas à Guilhem qu'elle pût manquer à sa parole.

Le matin de son départ, au moment de s'éloigner vers la ville, il lui dit, la tenant embrassée : « Va, je reviendrai sous-lieutenant, avec la croix. — Ah! mon Guilhem, lui répondit-elle (avec un accent si sincère qu'elle en fut dupe elle-même sur le moment), si tu te faisais tuer à la guerre, je te jure que je me ferais religieuse! » Il eut un tressaillement : c'était la promesse inespérée! Dans un élan de tendresse profonde, il lui ferma les paupières d'un long baiser... C'était scellé! Ils étaient mari et femme. On s'écrirait toutes les semaines. — La vérité, c'est qu'Yvaine l'avait entrevu en uniforme d'officier, ce qui l'avait transportée. Ils se séparèrent, les yeux en pleurs, n'ayant l'un de l'autre qu'une petite photographie, tirée par un artiste de passage, au prix d'un franc.

Guilhem fut incorporé dans les chasseurs d'Afrique et dirigé sur la province d'Alger.

⁎⁎⁎

Les premières lettres furent pour tous deux une joie charmante, presque aussi douce que les premiers rendez-vous. L'éloignement avait rendu Guilhem, pour la jeune fille, une sorte de « chose défendue » dont on la privait, et qu'elle désirait par cela même.

Puis, il y avait le devoir, maintenant qu'on s'était bien promis l'un à l'autre.

En six mois, cependant, les pâlissements de l'absence altérèrent un peu la constance déjà longue d'Yvaine. Elle soupirait et s'ennuyait de cette monotonie, de cette solitude. Sa parole jurée lui pesait parfois comme une chaîne. Elle en était revenue à l'amitié. Ses lettres, sa seule distraction, demeuraient toutefois les mêmes, ayant pris le pli des phrases tendres. Celles de Guilhem témoignaient qu'il ne vivait de plus en plus que d'elle — et d'espoir. Mais quatre ans et demi encore!... Naïve, elle bâillait, parfois, en y songeant. Sur ces entrefaites, le père de Guilhem, le vieux garde Kerlis, mourut, laissant un pécule des plus modestes, que Guilhem plaça, par correspondance, pour jusqu'à son retour.

Cette présence, qui avait gêné la mère et la fille, ayant disparu, celles-ci respirèrent plus à l'aise. La mère Blein, des plus accortes et jolie encore, devint de mœurs un peu libres.

Si bien qu'un jour, moins de dix mois après le départ de Guilhem, il arriva comme si un absurde coup de vent eût passé tout à coup.

Yvaine, en effet, par un soir de fête de village, s'en laissa dire par un jeune élève de marine, venu en congé, qui la séduisit à l'improviste et dut, après deux jours, la laisser seule.

Elle comprit alors, trop tard, qu'elle avait commis, *en riant trop*, l'irréparable. — Allons, c'était fini! Que faire? S'étourdir? Elle sentit que la vie allait l'entraîner.

Un mois après, à Rennes, elle avait un amant, qui l'installa, sans luxe d'ailleurs. Bientôt, devenue fille galante, elle mena l'existence de gros plaisirs qu'offre la province aux personnes désireuses de « s'amuser ».

Cependant, par une féminine bizarrerie, elle avait

gardé, au fond du cœur, un faible pour le passé lointain qu'elle avait trahi si follement. Les lettres douces et réchauffantes qu'elle recevait toujours formaient un tel contraste avec le ton dont les « autres » lui parlaient !...

Ne sachant d'elle que ce qu'elle lui en apprenait, le soldat continuait, là-bas, de la respecter et de la chérir. Il est des soupirs qui éclairent : elle l'appréciait davantage, à présent !... De sorte que, sans bien se rendre compte de ce qu'elle osait, elle lui répondait avec la candeur d'autrefois, qu'elle retrouvait en lui écrivant — lui laissant croire, par un jeu triste et pour gagner du temps, qu'elle était toujours celle qu'il avait connue.

Se savoir aimée de vrai, cela lui faisait du bien. Comment y renoncer ? Pourquoi le rendre si vite malheureux ? Ne saurait-il pas toujours assez tôt ? Elle devait s'efforcer de faire durer l'illusion de Guilhem jusqu'à la fin, s'il était possible. « Il a encore trois années ! » se disait-elle ; — et cela l'enhardissait. Et puis, elle ne pouvait s'en empêcher. C'était son seul et poignant bonheur. — « Tant mieux, s'il vient me tuer, quand il apprendra mon inconduite !... pensait-elle.

Soyons *heureux* d'ici là! » — Ce qui ne l'empêchait pas, lancée comme elle était, de continuer, dans les intervalles, son train de fille qui s'étourdit et se donne « du bon temps » avec les étudiants et les officiers.

Tout à coup, plus de lettres. C'était la cinquième année, aux premiers mois seulement.

Ce silence brusque la remplit d'une angoisse violente. Saurait-il? A-t-il appris? Elle en fut d'autant plus consternée qu'au moment où ce silence compta plusieurs semaines, elle se trouvait à l'hospice, officiellement soignée pour un mal abominable, gagné au cours de sa vie joyeuse, et qui la défigurait.

Voici ce qui s'était passé :

Une fois incorporé dans son escadron, Guilhem, fort de son grave amour et sûr de sa fiancée, s'était bientôt fait remarquer comme soldat solide, studieux, exemplaire. Il lui semblait, chaque jour, qu'il gagnait Yvaine et leur bonheur futur. De là, sa conduite irréprochable. Ne vivant que des lettres qu'il recevait de France, et qui lui remplissaient le cœur, Yvaine était là, pour lui! L'absence la multipliait, sous le beau ciel oriental, et la mélancolie du désir l'y faisait apparaître encore plus charmante, plus délicieuse que dans les champs bretons. La joie, certaine pour lui, de l'avoir pour femme — il l'éprouvait ainsi, d'avance, et chaque jour l'en rapprochait.

Lorsqu'il passa maréchal des logis, avec la médaille militaire, son fier contentement se doubla de l'écrire à sa digne et chère petite femme!... Ah! comme, en son être, les mots foi, patrie, honneur, foyer, conservaient toutes leurs vibrations virginales — grâce à ce pur sentiment qu'il avait emporté du pays!... Au point d'inaltérable confiance où il était parvenu, Guilhem, en lisant les phrases où parfois un mot trouble eût dû l'étonner, faisait la demande et la réponse — et justifiait tout.

Étant supposé qu'il eût soudainement appris de quelqu'un la réalité et qu'à force de preuves l'évidence eût fait chanceler sa foi, quel noir dégoût, quel poison, quelle horreur de vivre! Quel effondrement! Certes, celui qui lui eût fourni ces preuves, sous prétexte « d'être dans le vrai », n'eût-il pas été, dans son zèle aussi niais que maudissable, bien moins un ami qu'un meurtrier?

Les braves lettres de son honnête et sainte petite Yvaine, n'était-ce pas pour lui le réel bonheur au milieu de cette séparation forcée, mais saturée d'espérance, qui était, au fond, la plus grande chance de sa vie? N'était-ce pas même le seul bonheur possible, entre eux, que cette ombre?

En admettant que son numéro l'eût exempté du service et qu'il eût épousé, là-bas, son Yvaine, quelle différence! Après les ivresses brèves, lorsqu'il se serait aperçu de la futile, oisive, inconsistante, coquette et dangereuse nature de sa femme, que de pleurs secrets il eût versés, lui qui ne pouvait concevoir que sacré le foyer conjugal!...

Quel ennui bientôt! quelle vieillesse redoutable! quelle solitude à deux, si toutefois une légèreté de sa femme n'eût pas amené quelque tragique dénouement.

Eh bien! au lieu de ce résultat *positif* du bonheur soi-disant réalisé, sa bonne étoile d'homme prédestiné à n'être que *réellement* heureux l'avait comblé de ces quatre ans et demi de félicité sans nuage, faite d'espoir bien fondé, d'absence illusoire, de réconfortants souve-

nirs chaque jour revécus! Et cela grâce à la duplicité pardonnable de celle qu'il ne pouvait soupçonner!...
Pardonnable? avons-nous dit. Certes, comment, en effet, juger « coupables » ou « innocentes » ces sortes de natures?

Autant prétendre les alouettes criminelles parce qu'elles ne peuvent résister au miroir!

Et si l'on objecte que ce bonheur n'était que le fruit d'un mensonge, nous répondrons : cela prouve que, pour ceux qui en sont dignes, un Dieu fait toujours naître le bien du mal. D'ailleurs, dans ce bas monde, quel est le bonheur qui, au fond, ne tient pas à quelque mensonge?

Une nuit, aux premiers mois de cette cinquième année, Guilhem fut réveillé par le clairon. C'était une révolte d'Arabes. Il sauta en selle, on chargea.

L'escarmouche fut chaude; mais, moins d'une heure après, le mouvement séditieux était réprimé.

Comme l'on revenait au campement, sous la clarté des étoiles, deux ou trois coups de feu lointains, attardés, retentirent ; des balles sifflèrent — et, soudain, se glissant du milieu des alfas, entre les chevaux, une ombre passa. Sans doute quelque fuyard tenant à venger un mort.

En effleurant le maréchal des logis, et comme celui-ci levait son sabre, l'Arabe étendit son flissah. De bas en haut, l'arme traversa la poitrine de Guilhem, qui s'inclina, mourant, sur l'encolure de son cheval, pendant que l'indigène disparaissait sous une étendue de dattiers, au long de la route.

On l'étendit sur une civière ; mais il fit signe de s'arrêter ; il n'arriverait pas vivant. C'était fini.

La pleine lune, au grand ciel africain éclairait le groupe militaire.

Le voyant, d'instants en instants, s'éteindre, tous ceux qui l'entouraient, l'estimaient et l'aimaient, sentaient leurs yeux se mouiller et le contemplaient, tête nue.

Il tira de sa poitrine la petite photographie de la fiancée vénérée, qu'il ne devait plus revoir, *mais qui lui avait juré, s'il était tué à la guerre, de se consacrer à Dieu.*

Puis, comme le réel bonheur ne peut se trouver, ici-bas, *qu'en soi-même*, et que, par miracle, sa foi l'avait protégé contre tout scandale extérieur, emportant ses nobles et pures croyances préservées, il fit le signe de la croix. Alors, le visage rayonnant d'une joie extatique, tranquille, nuptiale, et touchant de ses lèvres l'image d'Yvaine, il expira doucement, d'un air d'élu.

Les filles de Milton

La jeune fille, tout à coup, soulevant un peu les paupières, et sans qu'un autre mouvement dérangeât son attitude, regarda très fixement, avec des yeux pénétrés d'une douce et poignante mélancolie, puis d'une voix languissante :

— Ma mère, enfin, lorsqu'un homme devenu débile et d'un esprit fatigué, d'une intraitable humeur, n'est plus en état d'être utile aux siens ni à personne, lorsque sa sénile vanité dont la suffisance fait sourire les passants, paraît s'augmenter aux approches d'une seconde enfance, — est-ce donc une criminelle prière que de demander à Dieu... de lui faire miséricorde... jusqu'à le rappeler le plus tôt possible vers la lumière... vers la vie éternelle !...

La vieille femme, sans répondre, détourna la tête avec un frisson.

— C'est qu'en vérité me viennent des songeries... dangereuses ! continua Déborah Milton, de cette même voix douce, claire et traînante, et que je me contiens mal de m'enfuir d'ici, parfois, — pour bientôt revenir vous porter secours, ma mère ! vous offrir du feu et du pain ! Qu'importe le prix dont je les aurais payés !

— Tais-toi, Dieu le défend ! Gagner le salut par la foi, dans l'épreuve, et ne murmurer jamais : voilà tout ce qu'il faut.

— Mais... j'ai vingt ans, moi ! tu l'oublies peut-être un peu, mère.

— Demain... tu auras mon âge. Tu verras... si tu y parviens.

— Ce soir n'est pas demain.

— Tais-toi.

Un silence.

— Tu es belle. Tu épouseras quelque jeune seigneur... espère, ma fille.

A cette parole, Déborah Milton se leva froidement et se tint debout, glacée et sévère.

— Un jeune seigneur! Ah! je ne veux pas rire entre ces murs couleur de sang! Quel d'entre eux voudrait, pour femme, de la fille d'un vieux rimeur sans pain, qui vota pour la mort de son roi? Je n'espère pas même... un pauvre ministre de Dieu... que le péril d'encourir la froideur du dernier des sujets de Charles II détournerait de ma main...

— Ton père a fait son devoir selon sa conscience!

— Des hommes austères devraient se passer d'enfants! murmura la jeune fille.

— Déborah!... tu es cruelle pour d'autres que lui!

— Oh! pardon, ma mère!

Elle frappa de son poing léger la table nue.

— C'est qu'aussi, à la fin, c'est horrible, cela! toujours des rêves!... des cieux!... des anges, des démons qui ressemblent à des formes de nuages! Le ton dont ils parlent tout harnachés de leurs grelots de rimes sonores, fait douter de la réalité qu'ils représentent : elle se tait, l'agissante réalité. C'était bien la peine de devenir aveugle, pour voir au fond de l'obscurité éternelle passer tant de creux fantômes. La foi se nie dans une phrase trop bien cadencée, et qui attire l'attention sur elle en détournant l'esprit de ce qu'elle énonce. On dit : « je crois ! » et c'est fini. Peindre le ciel et l'enfer ! Et le Paradis terrestre ! Et l'histoire de l'infortuné couple d'êtres dont nous descendons tous ! O tintement insupportable de mots vides ! Creux travail ! Et il faut, nous, ma sœur et moi, s'atteler à la besogne ! écrire, muettes, ces divagations déraisonnables ! Attendre, des fois, une heure, des vers qu'il faut souvent raturer... Et quand nous dormons sur le papier, nous réveiller à jeun, parfois, — et faire aller la plume... et toujours et encore mettre du noir sur du blanc... et jeter là dedans notre jeunesse annulée... alors qu'il y a là-bas, dans Londres, de bons abris, des tables bien servies et de beaux jeunes hommes, — qui vous feraient un accueil charmant !

Elle se tut.

— Mauvaises pensées ! Résigne-toi !

— Des mots ! Tu as faim, j'ai faim !... Voilà la vérité.

— Lui aussi a faim et ne se plaint pas, et de plus il souffre de vous savoir dans une détresse dont il est la cause.

— Allons! Deux choses le nourrissent : l'orgueil et la foi. Les poètes sont des êtres qui prennent une distraction pour but, au mépris des leurs et des peines qu'ils font supporter à ce qui les entoure. Rien ne les atteint! Ils sont au fond de leurs rêves! O vanité! Dire qu'il s'imagine que ce « Paradis perdu » dominera les mémoires dans la Postérité! Dérision! Le libraire n'en donnera pas ce qu'a coûté le papier, — qu'il préfère même à notre pain. Bientôt nous serons en haillons, mais il est aveugle et c'est de ses rimes, non de ses filles, qu'il est fier!... Et bourru jusqu'à nous battre! Non : c'est trop, je n'obéirai plus!

— Que veux-tu qu'il fasse?

— Ne plus être! Alors on pourrait changer de nom, s'expatrier, vivre! Ma sœur est jolie et je suis belle. Eh bien, après?

— Et ton honneur, enfant! comme tu en parles!

— L'honneur des filles d'un vieux régicide?... D'un

homme qui a participé à tuer celui qui seul donne un sens à ce mot, — l'honneur? Tu plaisantes, ma mère. Nous avons droit à l'honnêteté, voilà tout... On hérite de tout, bon ou mauvais, de ceux qui nous engendrent... Nous ferions pitié de prononcer ce mot : « notre honneur », devant ceux qui ont qualité pour estimer et au jugement desquels seulement on doit tenir.

— Tu parles comme il parlerait, s'il pensait comme toi. Mais il est des hommes qui souriraient de ce que tu dis.

— Eux-mêmes ne sauraient être que des menteurs : ce qui me dispenserait d'essayer de les convaincre, de souffrir de leur blâme ou d'être fière de leurs éloges. On les regarde, ils sont annulés, — et c'est fini.

— J'ai l'idée que nous pourrions peut-être emprunter quelque argent, si peu que ce soit, de M. Lindson. Nous ne lui avons rien demandé, jamais, à celui-là.

— Oui, je crois qu'il cherche à ne plus nous connaître et qu'il n'ose pas être assez lâche, sans quelque motif. Il nous prêterait, sûr de n'être pas remboursé, et s'en autoriserait pour ne plus nous voir. Tu as raison. Veux-tu que j'aille, seule ou avec toi? Ne plus nous reconnaître! Il achèterait bien ce droit-là... deux écus, je pense.

La vieille, regardant par la fenêtre :

— Voilà, justement, M. Lindson, — on pourrait...

— J'y vais.

Rentre Emma, apportant du bois mort, un lourd fagot.

— Là!

Emma Milton courut à la huche, l'ouvrit, fureta derrière les assiettes de terre, et la referma, frappant les deux battants avec violence.

— Comment? Rien?... Où est le pain?

Silence.

— ....

— Ta sœur est allée chercher quelque chose...

— Ah! Est-ce que le libraire a donné?

— Non, c'est M. Lindson auquel elle est allée emprunter.

— Oui : mais ce n'est pas sûr qu'il donne.

Rentre Déborah.

— Deux shillings!

La vieille se cache la figure.

Après un instant :

— C'est Dieu qui nous les donne : remercions-le de sa miséricorde et résignons-nous : il nous en donnera d'autres demain.

— C'est presque une aumône, dit Emma.

— Non, dit Déborah, c'est moins... je te dirai cela.

— Donne toujours, je cours chercher à manger.

Elle sort.

Milton parut.

Le vieillard tâtait les murs du bout de sa canne. Son visage aux lignes sévères, blêmi par les chagrins, son vaste front aux trois rides longues et droites, ses yeux fixes et sans lumière, la noblesse mystique du tour de son visage, ses grands cheveux aux longues mèches blanches partagées au milieu... Un vieux pourpoint de velours marron et des chausses de même, — et son grand col d'un blanc sali, noué par deux glands, ses souliers à boucles et son chapeau puritain datant des jours de Cromwell...

Il entra.

— Vous êtes là, n'est-ce pas? dit-il.

On ne lui répondit pas, tout d'abord.

— Oui, mon ami, dit la vieille femme.

Déborah eut un mouvement d'épaules, Emma sourit.

— Voici, mais écrivez lisiblement ou je... Surtout ne changez pas les mots qui me sont venus, — et n'interrompez pas, si je ne m'arrête... Vous avez la manie de me souffler des mots qui me semblent justes, quand vous me les dites, parce qu'ils m'étonnent... et qui sonnent creux, lorsque vous relisez!... Le mot qui ne semble pas juste, isolément, est souvent le plus exact, s'il vient d'ensemble : car il n'y a pas de mots, en réalité : le seul poète est celui qui ne peut qu'aboyer magnifiquement sa pensée... la rugir parfois, — la tonner souvent... Mais on ne l'entend jamais que dans des rafales... Tant pis pour ceux qui n'entendent pas la langue du pays d'où souffle en mes vers le vent de l'éternité...

« ...Et pour donner à démarquer le ronronnement du vers, les images, les expressions, les tours d'intelligence, le mouvement de la pensée, — cela se prend comme rien, sans le savoir ! Et avec un peu de main, on ne copie pas, on singe. On fait servir cela à n'importe quelle niaiserie... qui passera oubliée, mais qui, aujourd'hui, empêche l'attention sur l'œuvre d'où procède cette bulle vide... et seule payée, — car le monde creux ne paie et n'estime que le vide... Qu'importe ! la pensée seule vivra : les mots changent et se démodent vite ; la pensée seule vivra, — car au fond des choses, il n'y a ni mots ni phrases, ni rien autre chose que ce qui anime ces voiles ! La pensée seule apparaîtra... l'impression de l'œuvre seule restera !... Entre ces prétendus poètes, je suis comme un vivant parmi les morts, un homme parmi des singes, un lion dévoré par des rats. Jésus-Christ m'a montré la route : je sais comment les hommes accueillent un Dieu. J'aurai le sort des prophètes. Je me résigne à ce que l'homme se moque, à mon sujet, de ma pauvreté... Car si j'étais riche, — ah ! quel grand poète ils me trouveraient, l'émule, au moins, de M. Tom Craik, l'auteur des... l'immortel nom m'échappe...

« Allons ! Comme j'ai mal à l'estomac, mon Dieu !

Mais, c'est peut-être un peu la faim? Allons, ce n'est rien. D'ailleurs, vous devez être à jeun, mes filles, vous aussi ? Car, si je me rappelle, il n'y a plus rien? Donc, rendons gloire à Dieu. Les saints ont peu mangé... Ce ridicule est moins pénible que l'indigestion de ceux dont l'espièglerie misérable nous vole le nécessaire... Écrivez. Pourquoi ne dites-vous rien? Êtes-vous là seulement ?

« Nous les plaignons d'avoir été assez bêtes pour se donner un mauvais estomac à force de rire de notre jeûne : chacun son lot ; ce sont des gens qui ne trouvent rien de plus doux à leur être ni de plus divertissant que d'escamoter le pain de leurs frères, — pour ricaner de les voir maigrir, faute d'aliments. Ils n'oublient qu'une chose, c'est qu'il est aussi ridicule de mourir d'indigestion que de faim, d'embonpoint que de maigreur, — et qu'ils mourront sans rire, même de nous.

« Ma fille, tiens, je t'en prie, je t'en supplie, — ne me fais pas parler davantage d'autre chose que de... Obéis-moi! Je suis ton père! tiens, me voici à tes genoux!

— Mon père! voyez quelle exaltation! Ce que vous faites est-il raisonnable? Devant un pareil acte, comment penser que vous jouissez du bon sens nécessaire pour dicter des choses lisibles, comme du temps où vous écriviez?... Croyez-nous! C'est dans l'intérêt de votre gloire que nous vous supplions de vous mettre au lit, de vous reposer.

— Ah! cruelle enfant! Sois... non, je ne veux pas maudire personne, pas même celle qui... Sache que c'est le souffle de Dieu! O murmures du souffle de Dieu! O misère de l'humilité divine! Il faut le bon vouloir de ces péronnelles pour qu'on entende murmurer en des vers le souffle de Dieu!... Vois, vieillard, comme ton œuvre...

Les filles n'étaient plus là — toujours rebelles à l'irascible vieillard.

Alors, à tâtons, dans l'obscurité, il atteignit le dossier d'un siège, auprès de la table, s'assit, s'accouda, fermant les paupières.

...Et voici que la voix de Milton, lente et sublime...
Il disait :

« Salut, lumière sacrée, fille du ciel née la première... »

Et ce fut un texte inconnu des générations.

C'était une éruption d'images où des pensées se symbolisaient en grands éclairs, — et la voix, oublieuse de l'heure de la nuit sonnait, vibrante, profonde, mélodieuse! Un ange passa dans l'inspiration, car il semblait que l'on distinguât des frémissements d'ailes dans les mots sacrés qu'il proférait. Et les cimes des arbres de l'Eden s'illuminaient d'aurores perdues et le chant matinal d'Ève, priant auprès des premières fontaines, devant l'Adam candide et grave, qui adorait, en silence, — et les reflets bleus du dragon s'enroulant autour de l'arbre défendu, et l'impression de la première tentatrice de notre race, — oh! cela chantait dans la transfiguration du vieux voyant...

A ces accents dont le souffle venait d'au delà de la terre, les trois femmes en des toilettes de nuit, dans le désordre du premier sommeil quitté, l'une tenant une lampe qu'elles protégeaient de leurs mains contre le vent des ténèbres, apparurent aux portes de la salle où, dans la solitude et les grandes ombres, parlait le voyant des choses divines.

Les tiroirs.

La table.

A voix basse :

— Pas de papier! Quelle plume!... Elle n'a plus qu'un bec!...

— Mon père, nous sommes là! Nous cherchons à écrire, mais vous allez trop vite... et l'on ne peut suivre... Ce que vous dites a l'air très bon, cette fois, je dois l'avouer... Si vous voulez bien recommencer, sans vous emporter ainsi, et parler lentement... peut-être...

Après un grand silence et un grand frisson, Milton répondit à voix basse, avec un soupir :

— Ah! il est trop tard, j'ai oublié.

TABLE

	PAGES
Véra	7
Vox Populi	27
Duke of Portland	35
Impatience de la Foule	49
L'Intersigne	65
Souvenirs Occultes	99
Akédyssèril	109
L'Amour Suprême	169
Le Droit du Passé	195
Le Tzar et les Grands Ducs	211
L'Aventure de Tsé-i-la	229
Le Tueur de Cygnes	245
La Céleste Aventure	255
Le Jeu des Graces	267
La Maison du Bonheur	275
Les Amants de Tolède	297
La Torture par l'Espérance	305
L'Amour Sublime	317
Le Meilleur Amour	341
Les Filles de Milton	355

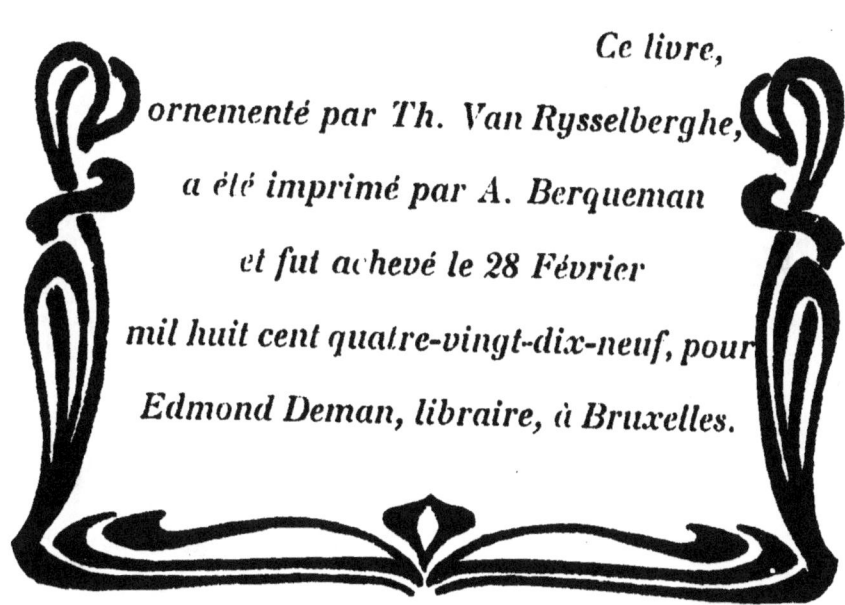

Ce livre,
ornementé par Th. Van Rysselberghe,
a été imprimé par A. Berqueman
et fut achevé le 28 Février
mil huit cent quatre-vingt-dix-neuf, pour
Edmond Deman, libraire, à Bruxelles.

www.ingramcontent.com/pod-product-compliance
Lightning Source LLC
Chambersburg PA
CBHW050250170426
43202CB00011B/1632